JN342117

내 영어실력의 강점과 허점을,

내 실력이 생각보다 괜찮다는 것을,

쓸줄 모르면 입으로도 나오지 않는다는 것을

쉽게 쓰는 것이 더 어렵다는 것을,

써보지 않아서 못 쓰게 되었다는 것을

Just Write It!

영어 두뇌를 길들이는

하루 다섯줄 일기 쓰기

영어 두뇌를 길들이는

하루 다섯줄 일기 쓰기

저자_ 김지완, 김영욱

1판 1쇄 인쇄_ 2007. 4. 20.
1판 4쇄 발행_ 2014. 2. 11.

발행처_ 김영사
발행인_ 박은주

등록번호_ 제406-2003-036호
등록일자_ 1979. 5. 17.

경기도 파주시 교하읍 문발리 출판단지 515-1 우편번호 413-756
마케팅부 031)955-3100, 편집부 031)955-3250, 팩시밀리 031)955-3111

저작권자 © 2007 김지완, 김영욱
이 책의 저작권은 저자에게 있습니다. 저자와 출판사의 허락 없이
내용의 일부를 인용하거나 발췌하는 것을 금합니다.

COPYRIGHT © 2007 by Ji-wan Kim, Young-wook Kim
All rights reserved including the rights of reproduction
in whole or in part in any form. Printed in KOREA.

값은 표지에 있습니다.
ISBN 978-89-349-2514-9 13740

독자의견 전화_ 031) 955-3200
홈페이지_ http://www.gimmyoung.com
이메일_ bestbook@gimmyoung.com

좋은 독자가 좋은 책을 만듭니다.
김영사는 독자 여러분의 의견에 항상 귀 기울이고 있습니다.

Just Write It!

영어 두뇌를 길들이는

하루 다섯줄 일기쓰기

김지완 · 김영욱 지음

김영사

| 머 릿 말 |

하하하! 반갑습니다.

안녕하세요, Just Write It! 시리즈를 쓴 김지완, 김영욱입니다.

네 권으로 구성된 본 시리즈는 영어로 일기나 편지, 그리고 자기 주장이 있는 글을 정말로 써보고 싶은 분들을 위한 책입니다.

남이 써놓은 글을 읽으면서 나도 그렇게 쓸 수 있겠다고 생각하는 것도, 단어와 문법을 많이 알고 있기 때문에 웬만한 글쓰기를 할 수 있겠다고 짐작하는 것이 아닙니다. 본 시리즈는 정말 그런지, 정말 쓸 수 있는지 실제로 펜을 들고 써보자는 책입니다.

말도 해본 사람이 잘하듯, 글도 써본 사람이 잘 쓰지 않을까요?

소설가라면 타고난 재능과 남다른 상상력, 창의력이 훈련을 통해 빛이 나서 좋은 글이 나오지만, 일기나 편지, 에세이, 자기소개서와 같이 신변잡기적이고 실용적인 글들은 문장가다운 재능이 아니라 각각의 형식에 맞게 자기가 좋을 대로 쓰는 것입니다. 능력이랄 것이 없습니다. 본 시리즈에서 영어로 쓰게 될 글들이 바로 그렇습니다. 직접 써보는 연습이 필요한 것이지, 펜을 잡기도 전에 대단한 공부를 해야 하는 그런 것이 아닙니다.

저희 교재는 혼자서는 해볼 엄두가 나지 않는 영작문 책들과 다릅니다.

지금까지 라이팅 관련 책들은 수도 없이 출판되었고, 독자들의 마음을 들뜨게 하고선 실망만 주었습니다. 그 이유는 라이팅 교재가 아니라 라이팅 교재라는 탈을 쓴 또 하나의 문법책이었기 때문이죠.
저희는 세계적으로 유명한 영어 글쓰기에 관한 책들을 보며 우리 수준에 맞게, 우리의 학습 습관에 맞게 실질적인 글쓰기 능력을 향상시키는 교재 포맷을 연구하여 이 시리즈를 탄생시켰습니다.

문법, 이젠 지겹지 않으세요? 〈3030English〉에서 여러 차례 단언한 것처럼 지금까지 배운 문법만으로도 충분합니다. 그냥 아는 문법과 어휘를 사용하여 자기만의 글을 써보는 건 어떨까요? 하루에 1분이라도 꼬박꼬박 저희와 함께 글을 써봅시다. 정답은 없습니다. 자기가 이해할 수 있게 자기 수준에 맞게 자신감을 가지고 쓰는 것!! 이것이 좋은 글쓰기의 시작입니다. 이 교재는 아주 쉽게 구성되어 있습니다. 너무 깊게 생각하지 마시고 그냥 편한 마음으로 써보세요. 마음이 동하는 대로 펜을 움직이세요.

항상 그렇습니다. 단순함 속에 비밀이 있습니다.

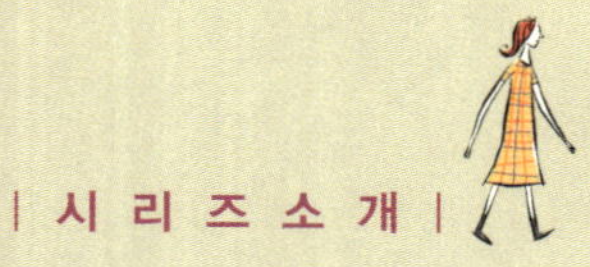

〈Just Write It!〉 시리즈를 소개합니다.

각권은 그 용도에 맞게 어휘, 원어민이 쓴 영문 샘플, 라이팅 튜터가 실려 있습니다. 특히 라이팅 튜터는 어디서도 볼 수 없었던 새롭고 재미있는 내용으로 여러분의 글쓰기를 도와드릴 것입니다.

1권 하루 다섯줄 일기 쓰기

일기 쓰기 책이 시중에 참 많이 나와 있죠?

대부분 문제집처럼 문제를 주고 풀게 시키는 책들이더라구요. 〈하루 다섯줄 일기 쓰기〉의 특징이라면 무엇보다 자기가 자유롭게 일기를 써본다는 것이지요. 글은 써본 사람만이 쓸 수 있습니다. 일기도 역시 써본 사람만이 쓸 수 있죠.

기억하세요!!! 나만의 일기입니다. 그러므로 정답이 없습니다. 자기가 쓰고 이해할 수 있다면 우선은 그것으로 만족하세요.

2권 편지&토막소설 쓰기

이제부터는 상대방을 염두에 두고 쓰는 글을 써볼까요? 1권 일기 쓰기는 일방적인 나만의 글이었잖아요. 상대방에게 쓰는 가장 대표적인 글은 편지입니다. 편지는 크게 두 가지로 나눌 수 있죠. 가까운 사이에 쓰는 것과 회사 등에 보내는 공적인 서신, 이렇게요. 이 두 종류는 쓰는 표현이나 문장형식이 확연히 다르답니다. 잘 눈여겨봐두세요. 그리고 '토막소설 쓰기', 재미있을 것 같지 않나요? 상상의 나래를 펴며 재미있는 글을 만들다보면 나도 모르게 영어 실력이 한 단계 올라 있을 겁니다.

3권 영문이력서 쓰기

취업을 앞둔 여러분, 그리고 직장을 옮길 마음이 있는 분들에게 강력 추천합니다. 판에 박힌 이력서와 자기소개서, 온갖 교재와 인터넷 관련 사이트에 수도 없이 등장합니다. 이런 것을 그대로 단어만 바꿔 썼다가는 좋은 결과를 기대할 수 없겠지요. 이 책에서는 이런 서류들을 작성하는 기본을 익히고, 더 나아가 나만의 톡톡 튀는 이력서와 자기소개서를 하나씩 만들어보도록 합니다.

4권 TOEFL에세이 쓰기

우리가 영어로 글을 쓰는 데 관심을 갖게 된 직접적인 계기가 바로 토플에서 에세이 형식의 라이팅 시험이 필수가 되면서부터였다는 것, 기억하나요? 토플 에세이는 제시되는 논제에 대해 서론, 본론, 결론에 맞추어 자신의 주장을 논리정연하게 쓰는 가장 표준적인 글이랍니다. 여기서는 자기 생각을 전개시키는 방법에서부터 그것을 글로 명료하고도 효과적으로 펼칠 수 있는 길을 제시합니다.
자, 잘 따라오세요.

엄수하자!

하나. 〈Just Write It!〉 시리즈는 '공부한다'는 생각보다는 '글쓰기 체험을 한다'는 생각으로 임합니다.

둘. 저자들의 지시를 절대적으로 믿고 따라합니다.

셋. 머리로 깊게 생각하지 말고 떠오르는 대로, 펜 가는 대로 그냥 '무조건' 써 봅니다.

넷. 연습이 중요한 만큼, 하루 1분은 반드시 영어로 글을 씁니다.

다섯. 글은 자기 수준에 맞게 씁니다. 자신이 아는 문법과 단어 수준으로 씁니다. 사전이나 다른 참고서적을 뒤적이지 말고, 이미 아는 것을 활용하는 연습부터 합니다.

contents

PART 1

나만의 일기 쓰기

일상에서 흔히 일어나는 일들을 1분 동안 간단히 써보기

BOOKS

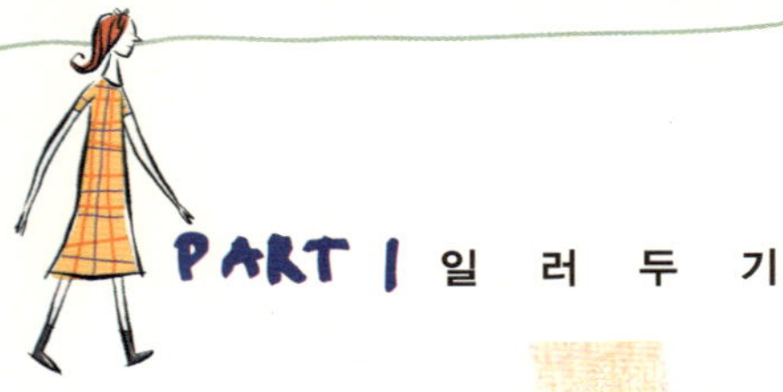

PART 1 일러두기

1. pick your words

여기에는 해당 일기에 쓸 수 있는 표현들이 제시되어 있습니다.

2. create your own

위에 나온 표현들을 사용해 4~6행 정도로 자신의 일기를 씁니다. 쓰면서 페이지 하단에 있는 격려의 글을 보며 용기를 얻습니다.

3. check Mike's diary

다음 페이지로 넘겨 원어민의 일기를 보고 자신의 것과 비교해봅니다. 그러고 나서 원어민의 일기에서 맘에 드는 표현이 있으면 배워봅니다.

4. writing tutor

글쓰기 요령 및 꼭 필요한 문법 및 어휘에 대한 설명이 들어 있습니다. 머릿속에 잘 새겨두세요.

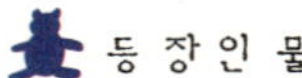

등장인물

주인공 마이크

20대 중반 남자 직장인. 친구도 별로 없고, 주로 방안에 처박혀 영화 보는 것이 유일한 취미. 에이프릴이란 여자에게 빠져 정신 못 차림.

조연 1 에이프릴

남자 주인공에겐 천사. 여우 같은 미모의 처녀

조연 2 빌

마이크에게 빈대 붙기 좋아하는 친구

엑스트라

마이크의 고문관 직장 상사

1 야호~ 크리스마스 이브! 온종일 TV만 봤닷 OTL

pick your words **이 표현들을 써주세요.**

- Christmas eve 크리스마스 이브
- busy 바쁜
- at home 집에서
- watch 보다

create your own 나만의 일기를 써보세요.

✓ 기죽지 마세요~ 내 일기를 쓰는 데 정답은 없습니다.
나만의 일기, 나만의 표현이 정답입니다.

check Mike's diary 마이크의 일기입니다.

Today was Christmas eve.

All my friends were busy.

They were with their girlfriends.

I was at home.

I watched “Home Alone”.

오늘은 크리스마스 이브였다.
친구 녀석들은 전부 바빴다.
여자친구들하고 함께 보내느라.
나는 집에 있었다.
영화 〈나홀로 집에〉를 보면서.

writing tutor 위의 원어민의 글은 정답이 아닙니다! 앞서 제시된 표현들을 가지고 이렇게도 쓸 수 있구나, 하고 참고만 하세요. 오늘은 첫날인 만큼 ‘영어로 글쓰기’의 핵심을 알려드리면, 바로 ‘간단히 쓰기’입니다. 어려운 단어보단 쉬운 단어, 긴 문장보단 자기가 자신 있게 쓸 줄 아는 단순명료한 문장부터 써나가는 것입니다. 심플하게 생각하고 심플하게 쓰세요.

2 온 세상에 평화와 축복이 넘친다는 크리스마스. 역시 내 진정한 친구는 TV인가… TT

pick your words 이 표현들을 써주세요.

- Christmas 크리스마스
- play on (TV 등에서) 상영하다
- wake up 잠이 깨다
- channel 채널

create your own 나만의 일기를 써보세요.

✓ 자, 글 쓰는 데 재미가 붙기 시작하나요?
제시된 표현을 가지고 뭘 쓸지 생각하는 것부터가 바로 작문입니다.

check Mike's diary 마이크의 일기입니다.

Today was Christmas.

I woke up at 8 o'clock.

I watched "Home Alone" again.

The movie was playing on a different channel.

I loved the movie.

오늘은 크리스마스.
아침 8시에 일어났다.
또 〈나홀로 집에〉를 봤다.
이번에는 다른 채널에서 하고 있었다.
재밌었다.

writing tutor 일기는 하루의 기록이지요. 그날 있었던 일, 그날 했던 생각 등을 적게 되므로 과거시제를 쓸 일이 많습니다! 5초 전이라도 지난 일은 과거시제! 하지만 일상생활을 하면서 늘 느끼는 감상, 가령 '세월이 참 빠르다(Time flies.)' 거나, 늘상 반복적으로 일어나는 일은 단순 현재시제로 씁니다. 또 어떤 일이 '일어나고 있다' 는 생생한 느낌을 전할 때는 진행형을 써주세요.

3 늦잠을 자버려 양치하는 것도 까먹고 나왔다!

pick your words **이 표현들을 써주세요.**

- get up 일어나다
- late 늦은
- forget 잊다
- brush 닦다
- bad breath 입냄새
- talk 말하다

create your own 나만의 일기를 써보세요.

✓ 할 수 있습니다! 아~무나 쓰는 게 일기입니다.
자신감을 가지세요!

check Mike's diary 마이크의 일기입니다.

I got up late this morning.

So I forgot to brush my teeth.

I had bad breath.

I decided not to talk to anyone.

Luckily, nobody talked to me.

오늘 아침에 늦잠을 잤다.
그래서 이빨 닦는 것도 까먹었다.
입냄새가 났다.
아무에게도 말하지 말자고 결심했다.
다행히 아무도 나에게 말 거는 사람이 없었다.

• decide to ~하기로 결심하다 • luckily 운 좋게, 다행히

writing tutor

둘째 줄을 보면 so가 나오지요? so는 '그래서' 라는 뜻으로 앞 문장의 내용 때문에 '그래서' 어떻게 했다고 할 때 쉽게 쓸 수 있습니다. 다음에 꼭 사용해보세요. 또 luckily의 쓰임도 눈여겨봐두세요. 영어에서는 부사를 문장의 맨 앞에 써서 어떤 사실이 다행이었다거나(fortunately), 유감이었다거나(unfortunately), 슬펐다거나(sadly) 하는 느낌이나 생각을 문장 전체에 입힐 수 있습니다.

친구 빌과의 점심식사라? 왠지 내키지 않아~

pick your words 이 표현들을 써주세요.

- call 전화하다
- want to ~하고 싶어하다
- meet for lunch 점심을 먹기 위해 만나다
- pay for ~에 대해 값을 치르다

create your own 나만의 일기를 써보세요.

✓ 어렵게 느껴지는 표현도 있지요? 하지만 원어민이 흔히 쓰는 것들이에요. 자, 우리도 한번 해보죠~

check Mike's diary 마이크의 일기입니다.

My friend called me today.

His name is Bill.

He wanted to meet me for lunch.

But I didn't want to meet him.

Bill wanted me to pay for lunch.

오늘 친구가 전화했다.
녀석의 이름은 빌이다.
같이 점심 먹잔다.
하지만 난 녀석을 만나고 싶지 않았다.
나더러 점심을 사라는 것이다.

writing tutor 때론 한 줄의 문장이 하루를 하나의 이미지로 집약시키는 위력이 있습니다. 마지막에 쓴 Bill wanted me to pay for lunch는 두 마디로 할 것을 한 마디로 응집시킨 경제적인 문장입니다. '빌이 원했다' 에 '내가 점심값을 낸다' 를 목적어로 가져온 거죠. 여기서 to부정사의 쓰임을 잘 눈여겨봐두세요.

5 빌과 화해를 할까 말까? 가뜩이나 친구도 없는데… TT

pick your words **이 표현들을 써주세요.**

- angry 화난
- call A B A를 B라고 부르다
- feel sorry 미안한 마음을 느끼다
- miser 구두쇠
- apologize 사과하다

create your own 나만의 일기를 써보세요.

✓ 새로운 단어를 아는 것이 중요한 게 아니죠.
아는 단어도 자꾸 써서 자기 것을 만들어야 됩니다.
이 과정을 통해서만 실력이 는답니다.

check Mike's diary 마이크의 일기입니다.

Bill called me today.

He was angry with me.

He called me a miser.

I felt sorry for him.

I apologized to him.

He wanted me to buy him lunch again.

I said yes.

오늘 빌이 전화했다.
나한테 화를 냈다.
내가 구두쇠라고 했다.
난 미안한 마음이 들었다.
그래서 사과했다.
녀석은 다시 점심을 사달라고 했다.
난 알았다고 했다.

writing tutor angry, me라는 단어를 알아도 '나에게 화를 내다' 라는 의미가 되려면 그냥 angry me로는 부족합니다. 전치사 with(또는 at)가 있어야 완벽해지죠. '그녀에게 미안한 마음이 든다' 고 할 때도 feel sorry for her로, for가 있어야 한답니다. '이 자리에 전치사가 있어야 하지 않을까?' 하는 생각이 들면 적당하다 싶은 것을 넣어보세요. 그 다음에 사전 등을 통해서 올바른 전치사를 알아보고요. 전치사마다 쓰임이 열 가지는 되니, 접할 때마다 눈여겨 봐두는 것도 좋습니다.

6 빌에게 점심을 샀다. 녀석, 작정하고 나왔다.

pick your words **이 표현들을 써주세요.**

- Italian 이탈리아의 (음식)
- fancy 고급스러운
- full course 풀코스
- meal 식사
- eat 먹다

create your own 나만의 일기를 써보세요.

✓ 음… 있었던 일을 기록하는 것이니 동사의 과거형에 유의해서 쓰세요. 영어는 시제를 꼼꼼히 따지는 언어랍니다.

check Mike's diary 마이크의 일기입니다.

I met Bill for lunch.

He wanted to eat Italian.

We went to a fancy restaurant.

He ate a full course meal.

I ate a cheese sandwich.

점심을 먹으려고 빌을 만났다.
이탈리아 음식이 당긴다고 했다.
우리는 고급 레스토랑으로 갔다.
녀석은 풀코스를 먹었다.
나는 치즈샌드위치를 먹었다.

writing tutor

He wanted to eat Italian.에서 Italian은 당연히 Italian food, 즉 '이탈리아 음식' 입니다. 구어에서 흔히 이렇게 생략해서 쓰지요. 거기다 이것은 일기이니 생략표현이나 은어 혹은 자기만 아는 언어를 쓸 수 있습니다. 원어민들도 흔히 그렇게 하죠. 하지만 지금은 영어 글쓰기 연습을 겸한 것이니 자신만 아는 암호 같은 표현은 참아주세요.

7 빌이 송년 파티를 연단다. 여자를 소개시켜 주겠다나…기특한 녀석!

pick your words **이 표현들을 써주세요.**

- thank (누구) for (무엇) 누구에게 무엇에 대해 고맙다는 인사를 하다
- invite 초대하다
- party 파티
- introduce 소개하다
- delighted (날아갈 듯이) 기쁜
- meal 식사

create your own 나만의 일기를 써보세요.

✓ 굳이 어렵게 쓰려고 하기보다
심플하게 누구라도 읽기 쉽게 써보세요!

check Mike's diary 마이크의 일기입니다.

Bill called me to thank me for lunch.

He invited me to his New Year's Eve party.

He wanted to introduce me to a girl.

I was delighted.

I'm glad I bought him an expensive meal.

빌이 전화해서 점심 잘 먹었다고 했다.
녀석은 나를 자기가 여는 제야 파티에 초대했다.
여자를 소개해주고 싶다고 했다.
무척 기뻤다.
비싼 음식을 사주길 잘했다는 생각이 든다.

• expensive 비싼

writing tutor

마지막 문장을 보면 자기 감정은 현재시제로 표현하고 있지요? 일기 쓰는 당시의 심정이니까요. 또한 이 문장에서처럼 buy(bought) A B 하면 'A에게 B를 사주다(사줬다)' 의 뜻이에요. 전치사도 필요없고, 간단하죠? 동사의 쓰임을 잘 알면 문장 만들기의 초석이 단단히 다져집니다. 또한 쉬운 동사일수록 쓰임이 다양한 법이죠. 아는 것부터 잘 챙겨둡시다.

8 광장한 파티였다!

pick your words **이 표현들을 써주세요.**

- come back 돌아오다
- plenty of 충분히 많은
- great music 좋은 음악
- meet a girl 여자를 만나다

create your own 나만의 일기를 써보세요.

✓ 우선 주어진 표현들을 가지고 한 장면을 머릿속에 그려보세요. 그런 다음 그걸 표현하면 되는 거예요.

check Mike's diary 마이크의 일기입니다.

I just came back from the party.

It was a great party.

There were good food, great music, plenty of beer,

and many people at the party.

I met a girl today.

Her name was April.

파티에서 막 돌아왔다.
괭장한 파티였다.
음식도 맛있고, 음악도 너무 좋고, 맥주도 많고, 사람도 많이 왔다.
오늘 여자애를 한 명 만났다.
그녀의 이름은 에이프릴이었다.

writing tutor 첫 번째 문장을 보면, just가 들어 있지요? I came back from the party.라는 아주 평범한 문장에 이 부사 하나로 '이제 막 돌아왔다'는 의미를 확 살려주고 있습니다. already(벌써), still(여전히), yet(아직도) 등의 부사를 잘 활용하면 좀더 구체적이고 실감나는 표현이 가능하답니다.

9 에이프릴을 만난 후로 전화기만 만지작대고 있다.

pick your words **이 표현들을 써주세요.**

- pick up the phone 수화기를 집어들다
- a dozen times 열두 번
- hang up (전화를) 끊다
- hope 희망하다

create your own 나만의 일기를 써보세요.

✓ 사랑에 빠지게 되면 어떤 일이 일어날까요?
느낌 그대로 솔직하게 써보세요!
내 감정을 표현하는 데 영어가 방해가 되어선 안 됩니다.

check Mike's diary 마이크의 일기입니다.

I wanted to call April.

I picked up the phone a dozen times.

But I hung up every time she picked up the phone.

I didn't know what to say.

I hope she doesn't know it was me.

에이프릴에게 전화를 하고 싶었다.
수화기를 열두 번은 들었다.
그렇지만 그녀가 전화를 받을 때마다 끊어버렸다.
뭐라고 해야 할지 몰랐다.
전화한 사람이 나인줄 그녀가 몰라야 할 텐데.

• every time ~할 때마다

writing tutor

4번째 문장의 what to say와 같은 표현은 간결하면서도 아주 쓰임새가 많답니다. 앞서도 얘기했지만 to부정사는 그 활용이 실로 다양하고 너무나 유용해요. 여기서는 연습 삼아 I don't know 다음에 how to drive(운전하는 법), where to go(어디로 갈지) 같은 다양한 '의문사 + to부정사'가 이어지는 문장을 하나씩 만들어보고, 다음 일기로 넘어가는 건 어떨까요?

10 상사병에 걸려보셨나요? 아흐~

pick your words **이 표현들을 써주세요.**

- somebody 누군가
- don't know what to do 뭘 해야 할지 모르겠다
- look at ~을 바라보다
- all day 하루종일
- shy 숫기가 없는

create your own 나만의 일기를 써보세요.

✓ 정말 힘들 땐 마음속에서 '누가 나 좀 도와줘!' 하는 외침이 들리지 않나요?

check Mike's diary 마이크의 일기입니다.

Somebody help me!

I don't know what to do.

I was looking at the phone all day.

But I still couldn't call her.

I think I'm too shy.

누구 나 좀 도와줘!
어떻게 하면 좋지.
하루 종일 전화기만 쳐다보고 있었다.
그렇지만 여전히 그녀에게 전화할 수가 없었다.
난 너무 숫기가 없는 것 같다.

writing tutor

Somebody help me!는 위기상황에서 도움을 요청하는 표현입니다. 영화에서 들어본 적이 있을 겁니다. 여기서는 이 일기의 주인 마이크가 일기에 대고 외치는 소리없는 비명입니다. "아 이를 어떡하면 좋지!", "어쩜 좋아!" 하며 안절부절하는 안타까움이 짧은 한 문장 안에 잘 녹아 있습니다. 이렇게 여러분이 이미 알고 있던 표현과 문법을 적재적소에 쓸 수 있다면 얼마든지 하고 싶은 얘기를 할 수 있답니다.

11 내 가슴에 사랑의 불을 댕긴 그녀를 전철에서 발견!

pick your words **이 표현들을 써주세요.**

- on the subway 지하철에서
- talk to another man 다른 남자와 얘기하다
- tall and handsome 키가 크고 잘생긴
- feel terrible 끔찍한 기분이다

create your own 나만의 일기를 써보세요.

✓이젠 1분 동안 일기 쓰기가 조금씩 쉬워지지요?

check Mike's diary 마이크의 일기입니다.

I was on the subway and I saw April.

She was talking to another man.

She was laughing with him.

He was tall and handsome.

I felt terrible.

지하철을 타고 가다가 에이프릴을 보았다.
다른 남자와 얘기하는 중이었다.
남자와 있는 그녀는 웃고 있었다.
남자는 키가 크고 미남이었다.
기분이 더러웠다.

writing tutor 과거의 일을 마치 눈앞에서 보고 있는 것처럼 묘사할 때 딱 알맞은 시제는 was/were -ing, 즉 과거진행형입니다. 에이프릴에게 다가가지 못하고, 멀찍이서 그녀의 모습과 행동 하나하나를 지켜보는 우리 주인공의 마음이 과거진행형으로 더욱 잘 표현되고 있습니다.

12 어떻게 하면 그녀를 잊을 수 있을까?

pick your words **이 표현들을 써주세요.**

- have a party 파티를 하다
- have a drink 술 마시다
- call (누구) over 누구를 오라고 전화하다, 부르다

나만의 일기를 써보세요.

✓ 쓰는 표현들이 갈수록 다양해지죠?
자, 이 영어표현들 모두 당신 것이 되는 겁니다. 파이팅!

check Mike's diary 마이크의 일기입니다.

Today is Saturday, so I decided to have a party.

I called my friends over.

We had a few drinks together.

We watched the basketball game.

I hope I can forget about April tomorrow.

오늘은 토요일. 그래서 난 파티를 하기로 했다.
친구들을 불러들였다.
함께 술을 마셨다,
농구 경기도 봤다.
제발 내일은 에이프릴을 잊어버릴 수 있으면 좋겠다.

writing tutor

일기에는 자기반성도 있지만 내일에의 희망과 바람도 있습니다. 이럴 때 중학교 영어수업 때 열심히 배웠던 hope, wish를 써주는 센스가 필요하죠. 한 가지 주의할 점은 두 동사의 의미는 같지만, hope는 어느 정도 실현 가능성이 있을 때, wish는 현실적으로 불가능할 때 적절하지요. 이런 점이 가정법과 비슷해서 wish는 가정법 시제와 같이 쓴다는 말씀! I wish I could dance.(춤을 출 수 있으면 좋을 텐데.)

13 여유롭게 출근 준비를 하는 아침 풍경은 어떨까?

pick your words **이 표현들을 써주세요.**

- as usual 평소대로
- read the newspaper 신문을 읽다
- take a bath 목욕을 하다
- leave the house 집을 나서다

create your own 나만의 일기를 써보세요.

✓ 아침시간의 일과는 보통 정해져 있지요? 그걸 한번 써보자구요!

check Mike's diary 마이크의 일기입니다.

I got up at 6:30 a.m. as usual.

I fried an egg and some bacon.

Then I took a bath.

I read the newspaper while drinking coffee.

I left home at 8:30 a.m.

What an exciting morning!

평소대로 6시 30분에 일어났다.
베이컨과 계란 프라이를 만들었다.
그러고 나서 목욕을 했다.
커피를 마시면서 신문을 읽었다.
집에서 아침 8시 30분에 나왔다.
아, 신나는 아침!

• while ~동안 • exciting 신나는, 흥분된

writing tutor "아, 이 얼마나 신나는 아침인가!" 이런 감탄문은 우리가 일기에서, 특히 처음이나 마지막에 종종 씁니다. 영어로 감탄문 형식 한번 확인해볼까요? What a + 명사 (주어 + 동사)! / How + 형용사 (주어 + 동사)!죠. What a nice day!(날씨 참 좋다!), How terrible!(정말 끔찍하다!)처럼 문장을 한번 만들어보세요.

14 오늘 나는 에이프릴에게 전화를 하고 말았다.

pick your words **이 표현들을 써주세요.**

- call April 에이프릴에게 전화하다
- introduce myself 나를 소개하다
- don't remember 기억하지 못하다
- polite 공손한
- meet for coffee 만나서 커피를 마시다

create your own 나만의 일기를 써보세요.

✓ 이렇게 하루 1분, 자신의 일상을 영어로 기록하는 일만 꾸준히 해도 상당한 수준에 오를 수 있답니다.

check Mike's diary 마이크의 일기입니다.

Guess what?

I called April today and spoke to her!

I called her and introduced myself.

She didn't remember me.

But she was very polite.

We decided to meet for coffee tomorrow.

이런 일이?!
오늘 에이프릴에게 전화해 그녀와 이야기했다!
내가 그녀에게 전화를 걸어 내 소개를 한 것이다.
그녀는 날 기억하지 못했다.
그렇지만 아주 상냥하게 대해주었다.
우리는 내일 만나서 커피를 마시기로 했다.

• **guess** 추측하다, 짐작하다

writing tutor

Guess what?은 "무슨 일 있었는지 아니?" 하고 일기장과 대화하듯이, 아니면 독백하듯이 쓴 표현입니다. 물론 일상대화에도 흔히 쓰이지요. 이렇듯 일기에는 문어적인 표현이 아니더라도 형식에 구애받지 않고 자유롭게 쓸 수 있습니다.

15 그녀와 만나서 잘해볼까요?

pick your words **이 표현들을 써주세요.**

- what a great day 이렇게 멋진 날이
- meet April for a date 에이프릴과 만나 데이트하다
- drink coffee 커피를 마시다
- speak for ~동안 이야기하다
- love my jokes 내 농담을 재밌어 하다

create your own 나만의 일기를 써보세요.

✓ 직접 써보니까 어때요?
생각보다 어렵지 않죠?

check Mike's diary 마이크의 일기입니다.

What a great day! I feel great!

I met April for a date!

We drank coffee together.

We spoke for two hours and thirty-three minutes.

She loved my jokes.

너무너무 즐거운 날이다! 기분 최고!
에이프릴을 만나 데이트를 했다!
우리는 함께 커피를 마셨다.
2시간 33분 동안 얘기를 했다.
그녀는 내 농담을 아주 좋아했다.

writing tutor

5번째 문장을 보면 2시간 33분 동안 대화했다고 돼 있습니다. 이건 그만큼 오랜 대화를 나눴다는 것을 유머러스하게 강조한 것입니다. 동시에 시간을 정확히 기억한다는 것은 그 시간이 소중했다는 뜻이겠지요. 여기서 '~동안'을 의미하는 시간 전치사 for의 쓰임을 눈여겨봐두세요.

16 데이트를 신청하는 건 너무 떨려~~

pick your words 이 표현들을 써주세요.

- ask her out 그녀에게 데이트를 신청하다
- not free 시간이 없는
- meet me 나를 만나다
- go to the gym 체육관에 가다
- work out 운동하다
- look good 멋져 보이다

create your own 나만의 일기를 써보세요.

✓내 맘대로 자유롭게 쓰기.
그 점이 바로 일기의 매력이지요!!!

check Mike's diary 마이크의 일기입니다.

I called April to ask her out on Saturday.

She said she was not free this weekend.

But she wanted to meet me next week.

I better go to the gym.

I want to work out and look good for April.

에이프릴에게 전화를 해서 토요일에 만나자고 했다.
이번 주말에는 시간이 없다고 했다.
그렇지만 다음 주에 만나고 싶단다.
헬스장에 가는 게 좋겠다.
운동을 해서 에이프릴에게 멋지게 보이고 싶다.

writing tutor

4번째 문장에서 I better go...는 원래 문법에 맞게 쓰려면 I'd better go...예요. I'd는 I had의 줄임말이죠. 하지만 구어에서는 흔히 'I better + 동사' 의 형태로 쓴답니다. 아직까지는 문법에 너무 구애받지 말고 자기가 표현하고 싶은 것을 만들어내는 데 주력하세요. 하지만 가급적 정확한 표현도 알아두는 것이 좋겠지요.

17 난 목표가 있어. 열심히 운동해서 몸짱이 되자!!!

pick your words **이 표현들을 써주세요.**

- find out 발견하다, 알다
- exercise at home 집에서 운동하다
- situp and pushup 윗몸일으키기와 팔굽혀펴기
- run every day 매일 달리다
- become fit 건강해지다

create your own 나만의 일기를 써보세요.

✓ 운동과 마찬가지로 외국어도 꾸준히 연습하는 방법밖엔 비결이 없지요.

check Mike's diary 마이크의 일기입니다.

I found out gyms are expensive.

I decided to exercise at home.

From tomorrow, I plan to do situps and pushups.

I will run 3km every day in the park.

I want to become fit and strong.

헬스장은 너무 비싸다는 걸 알았다.
집에서 운동하기로 했다.
내일부터 나는 윗몸일으키기와 팔굽혀펴기를 하기로 했다.
공원에서 매일 3킬로씩 달릴 것이다.
건강하고, 힘이 세지고 싶다.

• plan to ~할 계획이다

writing tutor

첫 문장을 보면 I found out 다음에 문장이 이어졌어요. 이런 표현도 상당히 유용해요. 우리가 학교 때 배운 문법에서는 I found out과 문장 사이에 that 같은 게 들어간다고 했지요. 하지만 원어민들은 말할 때 거의 that을 쓰지 않는답니다. I know + 문장, I heard + 문장 식으로 변화를 주어서 다음 일기에서 한번 활용해보세요.

18 혼자 운동하기 vs. 트레이너에게 지도받기

pick your words **이 표현들을 써주세요.**

- ache from head to toe 머리부터 발끝까지 쑤시다
- athletic 건강한, 스포츠맨다운
- go to the gym 체육관에 가다
- work out with a trainer 트레이너와 함께 운동하다

create your own 나만의 일기를 써보세요.

✓ 우리의 생활을 얘기하는 데 필요한 단어는 정말 쉽고 간단한 몇 백 개에 불과합니다!

check Mike's diary 마이크의 일기입니다.

I did fifty pushups and a hundred situps today.

My body ached from head to toe.

I don't think I am athletic.

I think I should go to the gym.

There I can work out with a trainer.

오늘 팔굽혀펴기를 50번, 윗몸일으키기를 100번 했다.
머리부터 발끝까지 안 아픈 데가 없었다.
근육이 탄탄하지 않나 보다.
헬스장에 다녀야 할 것 같다.
거기서는 트레이너와 함께 운동할 수 있으니까.

writing tutor 3번째 문장처럼 'I think + 문장'은 정말 자주 쓰는 표현이에요. 이 말은 우리가 '~라고 생각해'의 의미로 알고 있지요. 이 뜻도 맞지만, 그것보다는 우리가 흔히 쓰는 '~인 것 같아'에 꼭 들어맞는답니다. 어떤 상황에서든 무리없이 쓸 수 있는 표현이니 반드시 익혀두세요.

19 헬스장에서 운동하면 너무 좋아요!!!

pick your words **이 표현들을 써주세요.**

- first day at the gym 체육관에 나간 첫날
- stretching 스트레칭
- treadmill 러닝머신
- after ~후에
- lift weights 역기를 들다
- finally 마침내
- massage 마사지

create your own 나만의 일기를 써보세요.

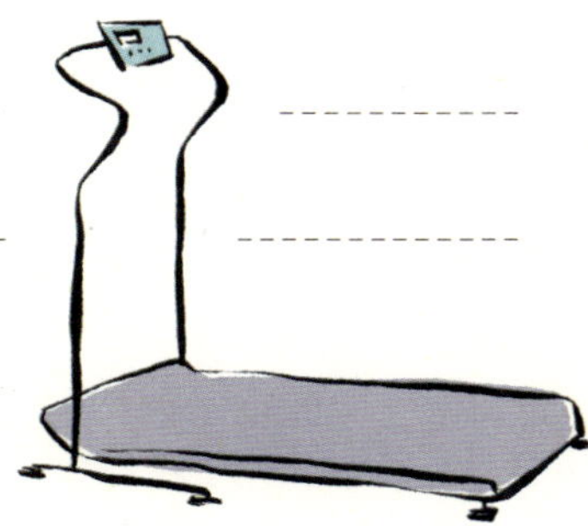

✓ 이제부터는 문법에 신경 쓰세요.
중고등학교 때 배운 문법이면 충분합니다.

check Mike's diary 마이크의 일기입니다.

My first day at the gym was really fun.

I did a lot of stretching.

Then I ran for half an hour on the treadmill.

After which, I lifted weights.

Finally I got a relaxing massage.

헬스장에서의 첫날은 정말 재미있었다.
스트레칭을 충분히 했다.
그런 다음 러닝머신에서 30분 동안 뛰었다.
그 후에는 역기를 들어올렸다.
마지막으로 근육을 풀어주는 마사지를 받았다.

• **relax** 풀게 하다, 편하게 하다

writing tutor

새로운 단어를 익힐 때는 가령 I ran in the playground.처럼 자기가 아는 문장에 treadmill과 같은 새 단어를 대입해 보는 것도 좋은 방법입니다. I ran in the playground. I ran on the treadmill.처럼요. 그런데 '운동장'에서 달리는 것은 전치사 in, 러닝머신에서 달리는 것은 on을 쓰고 있네요. 다시 말해, 어떤 공간 안에서 달릴 때는 in, 기구 등의 위에서 달릴 때는 on이랍니다.

20 무리한 운동을 하면 도리어 해가 됩니다!

pick your words **이 표현들을 써주세요.**

- open my eyes 눈을 뜨다
- feel uncomfortable 몸이 찌뿌드하다
- sharp pain 격심한 통증
- can't move 움직일 수 없다
- sprain my back 허리를 삐다

create your own 나만의 일기를 써보세요.

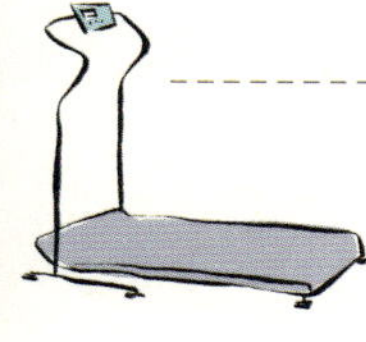

✓ 글을 쓸 때는 자신감을 가지세요. 혹, 확신이 안 서더라도.

check Mike's diary 마이크의 일기입니다.

This morning, when I opened my eyes, I felt uncomfortable.

There was a sharp pain in my back.

I couldn't move at all.

I called a doctor.

The doctor said I sprained my back.

오늘 아침에 눈을 떴는데, 몸이 찌뿌드했다.
허리가 끊어질 듯이 아팠다.
전혀 움직일 수가 없었다.
의사를 불렀다.
허리를 삐었다고 했다.

writing tutor

2번째와 마지막 문장에서 back은 우리가 흔히 '등' 으로만 알고 있는데, '허리' 라는 뜻으로 더 자주 쓰인다는 것, 잊지 마세요. 이 원어민의 일기를 보면서 눈에 들어오는 표현이 있으면 꼭 한번 써 봅니다. 영어로 글을 쓰는 것은 체험학습입니다. 머리로 이해하고 외웠다고 해서 말이 나오고 글이 써지는 것이 아닙니다. 꼭 직접 해보세요!!!

21 몸이 아프면 마음도 아파.

pick your words **이 표현들을 써주세요.**

- still lie in bed 여전히 침대에 누워 있다
- call in sick 병가를 내다
- miserable the whole day 하루 종일 비참한
- April called 에이프릴이 전화했다
- get better soon 빨리 병이 낫다

create your own 나만의 일기를 써보세요.

✓ 무슨 일이든 소기의 성과를 얻으려면 꾸준히 해야 합니다. 일기 쓰기도 마찬가지입니다.

check Mike's diary 마이크의 일기입니다.

I am still lying in bed.

I called in sick at work.

I felt miserable the whole day.

However, April called me today.

She hoped I'd get better soon.

여전히 침대에 누워 있다.
회사에는 병가를 냈다.
하루 종일 기분이 비참했다.
그런데 에이프릴이 오늘 전화했다.
그녀는 쾌유를 빌어주었다.

• **however** 하지만, 그렇지만

writing tutor 첫 문장에서 보듯이 lie(눕다)의 -ing형은 lying이에요. 이런 불규칙한 변형은 반드시 익혀두세요. 일기는 남에게 보여주기 위한 글이 아닙니다. 그렇지만 우리는 영어로 글쓰는 것을 공부하는 중이므로 남이 이해할 수 있어야 합니다. 주변에 영어 잘하는 사람에게 일기를 보여줘 보세요. 그리고 그 사람이 당신의 일기를 잘 이해한다면 우선 반은 성공입니다!

22 몸이 많이 가뿐해졌는 걸!

pick your words **이 표현들을 써주세요.**

- feel much better 컨디션이 훨씬 좋아지다
- go to the supermarket 슈퍼마켓에 가다
- manage to 겨우 ~하다
- household chore 집안일
- cook dinner 저녁을 요리하다
- recover 회복하다

create your own 나만의 일기를 써보세요.

✓ 자신의 글이 한심해보일 수도 있습니다.
근데요, 누구나 그렇게 시작합니다.

check Mike's diary 마이크의 일기입니다.

I felt much better today.

I went to the supermarket for some groceries.

I managed to do some household chores.

I cooked dinner for myself.

I think I'm going to recover soon.

오늘은 몸이 훨씬 가뿐해졌다.
먹거리를 사러 슈퍼에 갔다.
겨우겨우 집안일도 좀 했다.
저녁은 직접 지어먹었다.
몸이 곧 회복될 모양이다.

• groceries 〈복수형〉 식료품

writing tutor

일기가 정말 쓰기 싫은 날이나 쓸 거리가 별로 없는 날도 있죠. 그런 경우에도 짧게나마 써보려는 자세가 필요합니다. 써보는 만큼 영어 라이팅 실력이 좋아질 것입니다.

한편, 첫번째 문장에서 much는 '많은'의 뜻이 아닙니다. better와 같은 비교급 표현과 함께 쓰이면 '훨씬'이라는 강조의 의미가 된답니다.

23 에이프릴이 전화를 했네요…

pick your words **이 표현들을 써주세요.**

- sick 아픈
- fine 괜찮은
- visit me tomorrow 내일 나를 방문하다
- cook dinner for her 그녀를 위해 저녁을 요리하다

create your own 나만의 일기를 써보세요.

✓ 항상 작심삼일이라고요?
그럼 3일에 한 번씩 결심을 반복하세요!!!

check Mike's diary 마이크의 일기입니다.

April called me today.

She thought I was still sick.

I told her I'm fine.

She wants to visit me tomorrow.

I told her I'd cook dinner for her.

오늘 에이프릴이 전화했다.
내가 아직도 아픈 줄 알고 있었다.
나는 괜찮다고 말해줬다.
그녀가 내일 날 찾아오고 싶다고 했다.
나는 그녀에게 저녁밥을 해주겠다고 말했다.

writing tutor 글을 쓸 때 항상 잊지 말아야 할 것이 있습니다. 그것은 바로 글의 간단명료함입니다. 다시 말해, 불필요한 문장과 단어, 반복되는 표현 그리고 그저 분량을 채우기 위한 것들은 과감히 없애버리세요. 함축적이고 가볍게, 이해하기 쉽게 써야 합니다.

24 에이프릴과의 저녁식사, 가슴이 터질 것 같아~

pick your words **이 표현들을 써주세요.**

- for dinner 저녁식사를 하러
- tenderloin steak 안심 스테이크
- cook medium rare 적당히 익히다
- a bottle of wine 와인 한 병
- listen to ~을 듣다

create your own 나만의 일기를 써보세요.

✓ 위에 제시된 표현들은 꼭 써보세요! 도움이 정말 많이 된답니다.

check Mike's diary 마이크의 일기입니다.

What a great day!

April came to my house for dinner.

I cooked her a tenderloin steak.

She wanted her steak to be cooked medium rare.

We drank a bottle of wine.

We listened to Michael Bolton songs.

너무너무 기분 좋은 날이다!
에이프릴이 저녁을 먹으러 우리 집에 왔다.
나는 그녀에게 안심스테이크를 요리해주었다.
그녀는 적당히 익혀달라고 했다.
우리는 와인을 한 병 마셨고,
마이클 볼튼의 노래를 들었다.

writing tutor

4번째 문장에서 to부정사가 수동태인데 유의하세요. 스테이크(steak)가 직접 굽는 게 아니라 구워지는 것이니까요. 마지막 문장에도 listen이 나왔어요. '듣다' 라는 의미로 hear도 있는데, 이 둘의 차이는 뭘까요? hear는 그냥 귀에 들어오는 소리를 '듣는다' 는 뉘앙스가, listen은 귀를 기울여 유심히 '듣는다' 는 뉘앙스가 있답니다.

25 오랜만에 느껴보는 사랑의 감정~

pick your words **이 표현들을 써주세요.**

- fall in love 사랑에 빠지다
- gorgeous 아름다운
- one problem 한 가지 문제
- previous marriage 예전의 결혼
- not good with ~와 사이좋게 못 지내는

create your own 나만의 일기를 써보세요.

✓ 어떤 문장을 만들어보기로 결심한 이상
포기하지 말고 써보세요. 자신감을 가지고요!!!

check Mike's diary 마이크의 일기입니다.

I think I'm falling in love with April.

She's gorgeous, tall, and kind.

But there is one problem.

She has two children from a previous marriage.

I'm not good with children.

나 에이프릴을 사랑하는 것 같다.
그녀는 너무나 예쁘고, 키도 크고, 상냥하다.
그런데 문제가 하나 있다.
그녀에겐 전 결혼에서 얻은 아이가 둘 있다.
난 아이들과 잘 못 지내는데.

writing tutor 오늘은 and의 쓰임을 살펴보죠. 예를 들어 "난 사과와 수박과 배를 좋아해"라고 할 때 and를 두 번 쓰지 않고 한 번만 씁니다. I like apples, watermelons, and pears.처럼요. 다시 말해 쉼표를 쓰면서 나열하다가 맨 마지막에만 and를 쓰는 것입니다. She's gorgeous and tall and kind and... 이렇게 and를 매번 쓰는 것은 말할 때만 봐줍니다. 물론 올바른 표현이 아니죠.

26 몸이 회복됐으니, 다시 출근모드로… ㅠ.ㅠ

pick your words **이 표현들을 써주세요.**

- go back to work 다시 일하러 가다
- glad to see me 나를 봐서 기쁜
- prepare 준비하다
- presentation 프레젠테이션
- have no choice but to ~할 수밖에 달리 선택의 여지가 없다
- agree to his demand 그의 요구에 응하다

create your own 나만의 일기를 써보세요.

✓ 포기하고 싶은가요? 그렇다면 영어로 글을 자유자재로 쓰게 될 미래의 자기 모습을 떠올려보세요! 의욕이 불끈불끈 솟지요?

check Mike's diary 마이크의 일기입니다.

I finally went back to work today.

My boss said he was glad to see me.

Then he wanted me to prepare a hundred page presentation

for tomorrow.

I had no choice but to agree to his demand.

드디어 오늘 다시 출근을 시작했다.
사장이 날 보니 반갑다고 했다.
그러더니 내일 있을 100페이지짜리 프레젠테이션을 준비하라고 했다.
그의 요구에 응할 수밖에 나에겐 선택의 여지가 없다.

writing tutor 보통 '100페이지'라고 하면 hundred pages라고 page의 복수형을 씁니다. 하지만 '100장짜리 프레젠테이션' 처럼 '100장 분량의 무엇' 이라고 하면 단수형으로 'a hundred page + 무엇' 으로 page는 단수형이 됩니다. 여기서 page는 명사가 아니라 이어지는 '무엇' 을 꾸며주는 형용사로 쓰였기 때문이죠.

27 밤새워 프레젠테이션 준비하느라 컨디션은 엉망!

pick your words **이 표현들을 써주세요.**

- don't sleep at all 전혀 잠을 못 자다
- feel like a zombie 좀비 같은 기분이다
- angry with ~에게 화가 난
- do a good job 잘하다
- don't care 신경쓰지 않다

create your own 나만의 일기를 써보세요.

✓ 여기까지 써온 여러분, 정말 대단하십니다.
조금만 더 힘내세요!!!

check Mike's diary 마이크의 일기입니다.

I didn't sleep at all last night.

Now I feel like a zombie.

I finished my presentation, but I didn't do a good job.

I think my boss is angry with me.

I don't care any more.

간밤에 잠 한숨 못 잤다.
지금 좀비가 된 기분이다.
프레젠테이션은 끝냈지만, 잘하지 못했다.
사장이 나한테 씩씩거리고 있겠지.
더 이상 상관 안 해.

writing tutor 믿기 힘들겠지만… 하루 일과를 일기로 쓰는 데는 중고등학교 영어시간에 배운 것만으로 충분합니다!! 써보면 느낄 수 있습니다. 단, 꼭 표현하고 싶은 말이 있는데 모르겠다면 그땐 사전을 찾아보세요. 하지만 우선은 자기 수준의 단어, 시제 그리고 주어지는 권장 표현들을 가지고 쓰세요.

28 사귀자고 말하는 건 엄청난 용기가 필요해.

pick your words 이 표현들을 써주세요.

- important decision 중요한 결정
- ask April to be my girlfriend 에이프릴에게 사귀자고 물어보다
- quit my job 일을 관두다
- job satisfaction 일에 대한 만족감

create your own 나만의 일기를 써보세요.

✓ 토플 등의 영어시험에서
라이팅의 비중이 커지고 있습니다!!!

check Mike's diary 마이크의 일기입니다.

I made two important decisions today.

First, I'm going to ask April to be my girlfriend.

Because I love her.

Second, I'm going to quit my job.

Because I don't have any job satisfaction.

오늘 두 가지 중대 결정을 내렸다.
첫째, 에이프릴에게 사귀자고 말할 거다.
왜냐하면 그녀를 사랑하니까.
둘째, 회사를 관둘 거다.
왜냐하면 일에 대한 만족감이 없으니까.

• make a decision 결정하다

writing tutor

'첫째로' 라고 표현할 때 First 하고 쉼표(,)가 붙습니다. '둘째로' 라고 할 때도 마찬가지입니다. Second,죠 이런 식으로 '셋째로' 도 Third,로 당근 똑같습니다. 그럼 '마지막으로' 는 뭘까요? 바로 Lastly, 또는 Finally,죠.

29 그녀의 '예스'! 세상을 다 얻은 것 같아!

pick your words **이 표현들을 써주세요.**

- ask April to be my girlfriend 에이프릴에게 사귀자고 물어보다
- very excited 매우 흥분되는
- make mistakes 실수하다
- treat like a princess 공주대접 하다
- let her down 그녀를 실망시키다

create your own 나만의 일기를 써보세요.

✓ 일기에서는 느낌을 표현하는 일이 많죠? 자신의 감정을 실감하게 표현해보세요.

check Mike's diary 마이크의 일기입니다.

I asked April to be my girlfriend and she said yes.

I'm very excited about our relationship.

I hope I don't make any mistakes.

I will treat her like a princess.

I don't want to let her down.

에이프릴에게 사귀자고 말했더니, '예스' 했다.
우리가 그렇고 그런 사이가 되다니 가슴이 마구 뛴다.
제발 실수하지 말아야 할 텐데.
그녀를 공주님처럼 모실 테다.
실망시키지 않겠어.

• relationship 관계

writing tutor 앞서 언급했듯이 일기는 논리적이고 객관적인 글이 아니라 주관적인 생각과 감정이 풍부하게 담기는 글입니다. 어떤 내용을 쓰든 현재 자신이 그 상황이라고 상상하고 맘껏 감정을 몰입해보세요.

30 폭탄선언을 하고 회사를 그만두다. 이럴 때 보면 꽤 대담하단 말야.

pick your words **이 표현들을 써주세요.**

- quit my job 일을 때려치다
- selfish 이기적인
- irresponsible 무책임한
- rude 무례한
- shocked by my comments 내 말에 충격받은
- look for a job 일자리를 찾다

create your own 나만의 일기를 써보세요.

✓ 나를 이기지 못하면 어찌 남을 이기겠습니까?
하루 1분, 자기 자신을 이기세요!!!

check Mike's diary 마이크의 일기입니다.

I quit my job today.

I told my boss he was selfish, irresponsible, and rude.

He was shocked by my comments.

Now I have a girlfriend but no job.

I better start looking for a job.

오늘 회사를 관뒀다.
사장에게 당신은 이기적이고, 무책임하고, 무례하다고 말했다.
그는 내 말에 충격을 받았다.
이제 나에겐 여자친구가 있는 대신 직장이 없다.
일자리를 구해봐야겠다.

writing tutor 라이팅을 교재 한 권 가지고 혼자 공부한다는 건 만만한 일이 아닙니다. 책은 자신의 글을 확인해줄 수 없기 때문이지요. 책을 보고 라이팅 실력이 늘었다는 얘기도 못 들어본 것 같습니다. 그만큼 효과적인 라이팅 책이 없었다는 뜻이기도 하죠. 하지만 오랜 시간 라이팅을 가르쳐본 결과, 글을 "누가 얼마나 잘 첨삭해주느냐"보다 "스스로 얼마나 많이 써보느냐"가 더 중요하다는 사실을 확인하게 되었지요. 글 한번 쓰고 수정받기보다는 같은 시간에 글을 여러 번 써보는 게 실질적으로 훨씬 도움이 된다는 것입니다.

Coffee Break

주요 동사변화

영어수업 때 큰소리로 동사변화를 외웠던 기억, 다들 있으시죠? 좀 지루한 공부로 기억하는 분들이 많을 텐데, 동사변화는 아주 중요한 부분이랍니다. 특히 일기처럼 동사의 과거형이 많이 쓰이는 경우에는요. 아는 것도 다시 본다고, 동사변화 한 번 챙겨볼까요?

현재	과거	과거완료	뜻
arise	arose	arisen	일어나다
bear	bore	born	낳다/참다
become	became	become	~되다
begin	began	begun	시작하다
bind	bound	bound	묶다
bite	bit	bit	물다
blow	blew	blown	불다
break	broke	broken	부수다
bring	brought	brought	가져오다
build	built	built	짓다/건설하다
buy	bought	bought	사다
cast	cast	cast	던지다
catch	caught	caught	잡다
choose	chose	chosen	선택하다
cost	cost	cost	비용이 들다
cut	cut	cut	베다/자르다
dig	dug	dug	(땅을) 파다
drink	drank	drunk	마시다
eat	ate	eaten	먹다
fall	fell	fallen	떨어지다
feel	felt	felt	느끼다
fight	fought	fought	싸우다
find	found	found	발견하다
fly	flew	flown	날다
forget	forgot	forgotten	잊어버리다
forgive	forgave	forgiven	용서하다

주요 동사변화

현재	과거	과거완료	뜻
freeze	froze	frozen	얼다
grow	grew	grown	자라다
hang	hung/hanged	hung/hanged	매달다/걸다
hear	heard	heard	듣다
hide	hid	hid/hidden	숨다
hit	hit	hit	때리다/치다
hold	held	held	잡다/유지하다
hurt	hurt	hurt	다치다
keep	kept	kept	지키다
know	knew	known	알다
lay	laid	laid	놓다, 눕히다
lead	led	led	이끌다
leave	left	left	떠나다
lend	lent	lent	빌리다
let	let	let	시키다
lie	lay	lain	눕다
lose	lost	lost	지다/잃다
make	made	made	만들다
mean	meant	meant	~을 의미하다
meet	met	met	만나다
mistake	mistook	mistaken	실수하다
pay	paid	paid	지불하다
put	put	put	두다/놓다
read	read	read	읽다
ride	rode	ridden	타다
ring	rang	rung	(벨이) 울리다
rise	rose	risen	오르다
run	ran	run	달리다
say	said	said	말하다
see	saw	seen	보다
seek	sought	sought	찾다/추구하다
sell	sold	sold	팔다

현재	과거	과거완료	뜻
send	sent	sent	보내다
set	set	set	차리다
shake	shook	shaken	흔들다
shine	shone	shone	빛나다
shoot	shot	shot	쏘다
show	showed	showed/shown	보여주다
shrink	shrank	shrunk/shrunken	줄다
shut	shut	shut	닫다
sing	sang	sung	노래하다
sit	sat	sat	앉다
sleep	slept	slept	잠자다
speak	spoke	spoken	말하다
spend	spent	spent	소비하다
speed	sped	sped	속도가 나다
spill	spilt	spilt	쏟다, 엎지르다
spread	spread	spread	퍼지다
spring	sprang	sprung	뛰어오르다
stand	stood	stood	일어서다
steal	stole	stolen	훔치다
strike	struck	struck	치다
swim	swam	swum	헤엄치다
take	took	taken	가지다
teach	taught	taught	가르치다
tear	tore	torn	찢다
tell	told	told	말하다
think	thought	thought	생각하다
throw	threw	thrown	던지다
understand	understood	understood	이해하다
wear	wore	worn	입다
weep	wept	wept	울다
win	won	won	이기다
write	wrote	written	쓰다

PART 2

원어민 일기 한수 배워보기

원어민의 일기를 마치 자신이 쓰듯 빈칸을 채워 완성하기

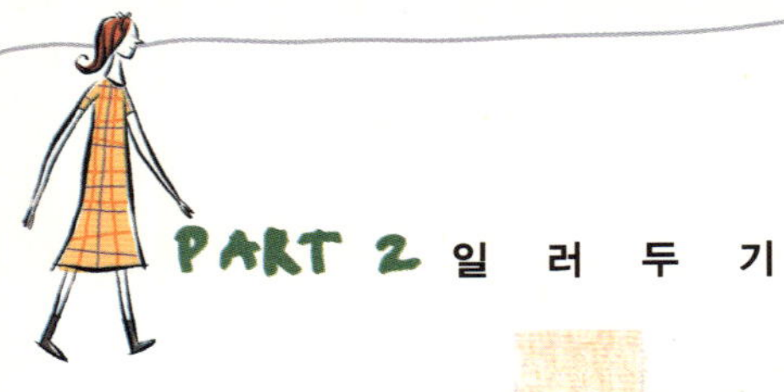

PART 2 일 러 두 기

좋은 글을 쓰려면 많이 읽어야 하는 것은 모두가 알고 있는 사실입니다. 다른 사람들이 쓴 글을 읽으면서 깨닫고, 좋은 표현을 건질 수 있기 때문입니다. 그럼 바쁜 일상에서 어떻게 자기 수준에 맞는 글을 찾아서 읽을 수 있을까요? 그리고 단순히 글만 읽으면 글쓰기 실력이 좋아질까요? 이 두 문제점을 동시에 해결하기 위해 이제부터는 연습문제 형식의 일기를 써보기로 합니다.

1. choose the word

빈칸에 들어갈 단어 및 표현들이 제시되어 있습니다.

2. diary in the making

일기를 완성해봅니다. 사전을 찾지는 마세요. 빈칸에 답을 쓸 때도 크게 고민하지 말고 해보세요.

3. finished diary

완성된 일기는 큰 소리로 읽으세요. 공부를 재미있게 하는 방법 중 하나랍니다. 자신감도 생기고, 스피킹에도 도움이 됩니다!
하나 더! 그냥 답을 써넣는 식의 문제 풀이가 아니라 원어민이 어떻게 글을 쓰는지 자세히 보고 좋은 표현은 다음에 써먹어봅시다!!!

4. writing tutor

글쓰기 요령 및 꼭 필요한 문법 및 어휘에 대한 설명이 들어 있습니다. 머릿속에 잘 새겨두세요.

1 사전 사용법을 처음 배웠을 때 기억나세요?

choose the word **빈칸에 들어갈 표현을 고르세요.**

- improve 향상시키다
- find out 알아내다
- know 알다
- means 의미하다
- use 사용하다
- kinds 종류

diary in the making 빈칸을 채워 일기를 완성하세요.

Dear Diary,

Today, I learned how to use a dictionary. People ______________ a dictionary for two main reasons: to ______________ how to spell a word and to find out the meaning of a word. The words in a dictionary are in alphabetical order. This ______________ that words beginning with 'a' are at the beginning of the dictionary. People need to ______________ the alphabet if they want to use a dictionary. There are many ______________ of dictionaries. Most dictionaries do not have every word. My teacher said memorizing the entire dictionary will not ______________ your English.

✓이런 연습은 자신의 글을 쓰는 데 엄청난 도움을 준답니다.

finished diary 아하! 이렇게 쓰는 거구나!!!

Dear Diary,

Today, I learned how to use a dictionary. People use a dictionary for two main reasons: to find out how to spell a word and to find out the meaning of a word. The words in a dictionary are in alphabetical order. This means that words beginning with 'a' are at the beginning of the dictionary. People need to know the alphabet if they want to use a dictionary. There are many kinds of dictionaries. Most dictionaries do not have every word. My teacher said memorizing the entire dictionary will not improve your English.

오늘 나는 사전 쓰는 법을 배웠다. 사람들은 두 가지 주된 이유로 사전을 사용한다. 단어의 철자가 어떻게 되는지 보기 위해, 그리고 뜻을 알기 위해. 사전에 나온 단어들은 알파벳순이다. a로 시작하는 단어들이 사전의 맨 앞에 온다는 말이다. 사람들이 사전을 사용하려면 알파벳을 알아야만 한다. 사전의 종류는 많다. 대부분의 사전에 모든 단어가 나오지 않는다. 우리 선생님은 사전을 통째로 외운다고 해서 영어실력이 좋아지는 건 아니라고 하셨다.

• spell 철자하다 • order 순서 • memorize 외우다 • entire 전체의 • improve 향상시키다

writing tutor Dear Diary,(일기에게)라고 쓴 이유가 궁금하지 않나요? 원어민 중 상당수가 이렇게 '일기에게' 라고 표현함으로써 마치 친구에게 편지 쓰듯 일기에게 말을 건답니다!

2 자동차 사고가 눈앞에서 난다면 아찔하겠지요?

choose the word **빈칸에 들어갈 표현을 고르세요.**

- take 데려가다
- sidewalk 인도
- speeding down 속도를 내어 달리며
- along ~을 따라
- fell off ~에서 떨어졌다
- witnessed 목격했다
- covered 뒤덮인

diary in the making 빈칸을 채워 일기를 완성하세요.

Dear Diary,

Today I ________________ an accident. I was walking ______________ State Street toward the library. A girl on a bike passed me, going in the same direction. She was riding her bike properly and keeping close to the ________________. The streets were empty. Suddenly, a truck came ________________ the street and hit the girl. The girl ________________ her bike. The truck did not stop but sped away. I did not get the license plate number of the truck because it was ________________ with mud. I shouted for help. Somebody called the ambulance to ________________ the girl to a hospital.

✓ 처음에는 이런 연습이 어려울 수도 있습니다.
하지만 힘내세요!!! 점점 쉬워질 거거든요!!!

finished diary 아하! 이렇게 쓰는 거구나!!!

Dear Diary,

Today I witnessed an accident. I was walking along State Street toward the library. A girl on a bike passed me, going in the same direction. She was riding her bike properly and keeping close to the sidewalk. The streets were empty. Suddenly, a truck came speeding down the street and hit the girl. The girl fell off her bike. The truck did not stop but sped away. I did not get the license plate number of the truck because it was covered with mud. I shouted for help. Somebody called the ambulance to take the girl to a hospital.

오늘 나는 사고를 목격했다. 나는 도서관 쪽으로 스테이트 가를 걷고 있었다. 자전거를 탄 한 소녀가 같은 방향으로 내 옆을 지나쳤다. 소녀는 인도에 바짝 붙어서 자전거를 제대로 타고 있었다. 거리는 텅 비어 있었다. 갑자기 트럭 한 대가 도로를 빠르게 달려오더니 소녀를 쳤다. 소녀는 자전거에서 떨어졌다. 트럭은 멈추지 않고 빠르게 달려 도망쳤다. 나는 트럭의 번호판이 진흙으로 뒤덮여 있어서 보지 못했다. 나는 도와달라고 소리쳤다. 누군가 소녀를 병원으로 데려갈 구급차를 불렀다.

• direction 방향 • license plate 번호판

writing tutor 도로명은 고유한 이름이니 대문자로 표기합니다. 그래서 State Street이라고 썼습니다. 기억해두세요!

3 학교에 전학생이 왔네요~

choose the word 빈칸에 들어갈 표현을 고르세요.

- making 만든 것
- treated 대했다
- seemed ~처럼 보였다
- however 그러나
- who
- being

diary in the making 빈칸을 채워 일기를 완성하세요.

Dear Diary,

A new student enrolled in our class. Her name is Geraldine. She ______________ shy and quiet. ________________, once the teacher left the classroom she started shouting at other students for ______________ a lot of noise. She acted friendly to some of the students while she ________________ others rudely. During lunch break, nobody wanted to sit next to her. She pretended to be nice to people, but everyone knew she was just ______________ artificial. In fact, we all decided to call her a hypocrite. I really dislike people ________________ are cunning and dishonest. I can't trust them.

✓ 다른 사람의 글을 자주 읽어보세요.
당신의 글쓰기 실력이 부쩍 늘어날 겁니다.

finished diary 아하! 이렇게 쓰는 거구나!!!

Dear Diary,

A new student enrolled in our class. Her name is Geraldine. She seemed shy and quiet. However, once the teacher left the classroom she started shouting at other students for making a lot of noise. She acted friendly to some of the students while she treated others rudely. During lunch break, nobody wanted to sit next to her. She pretended to be nice to people, but everyone knew she was just being artificial. In fact, we all decided to call her a hypocrite. I really dislike people who are cunning and dishonest. I can't trust them.

우리 반에 새로운 학생이 등록했다. 그녀의 이름은 제럴딘이다. 수줍음을 타고 조용해 보였다. 그런데 선생님이 일단 교실을 나가시자 다른 학생들에게 시끄럽게 떠든다고 소리치기 시작했다. 그 애는 어떤 아이들에겐 다정하게 굴었지만, 또 다른 아이들은 무례하게 대했다. 점심시간에 아무도 그 애 옆에 앉지 않았다. 그 애는 사람들에게 친절한 척했지만, 모두들 그게 가식일 뿐임을 알고 있었다. 사실 우리 모두는 그 애를 위선자라 부르기로 했다. 나는 간사하고 정직하지 못한 사람을 정말 싫어한다. 그들은 믿음이 안 간다.

• enroll 등록하다 • pretend 가장하다 • hypocrite 위선자 • cunning 교활한

writing tutor 글을 쓰다보면 자꾸 막힐 때가 있습니다. 그 이유 중 하나는 글을 쓰는 도중에 너무 자주 수정한다는 것입니다. 우선은 자유롭게 쭉쭉 써내려가는 것이 좋습니다. 그래야지만 자연스러운 글이 나오니까요. 그리고 수정은 맨 나중에.

회사에서의 바쁜 일상~ 머피의 법칙인가?

choose the word **빈칸에 들어갈 표현을 고르세요.**

- later 나중에
- every 모든
- late for ~에 늦은
- had to ~해야만 했다
- by the time ~할 때 즈음
- bumped into ~와 부딪혔다

diary in the making 빈칸을 채워 일기를 완성하세요.

Dear Diary,

What a terrible day at the office! First, I was ____________________ work and my boss was mad at me. Then I __________________ skip lunch because I had too much work to do. ______________________ in the afternoon, my boss wanted me to make photocopies of __________________ document we had in the office. ______________________ I finished making the photocopies, I was so tired I couldn't even stand up. Then I spilled coffee on my brand new shirt when my colleague __________________ me. Just when I thought I could finally leave, my boss told me I had to work overtime!

✓ 빈칸 채우기 문제 풀 듯 하시면 안 됩니다.
글쓴이의 심정이 되어보세요!

finished diary 아하! 이렇게 쓰는 거구나!!!

Dear Diary,

What a terrible day at the office! First, I was late for work and my boss was mad at me. Then I had to skip lunch because I had too much work to do. Later in the afternoon, my boss wanted me to make photocopies of every document we had in the office. By the time I finished making the photocopies, I was so tired I couldn't even stand up. Then I spilled coffee on my brand new shirt when my colleague bumped into me. Just when I thought I could finally leave, my boss told me I had to work overtime!

회사에서 정말 끔찍한 하루였다! 첫째, 회사에 지각해서 사장님이 나한테 화가 났다. 그리고는 할 일이 너무 많아서 점심을 걸러야 했다. 그 뒤 오후에는 사장님이 우리 사무실에 있는 문서란 문서는 죄다 사본을 만들라고 했다. 복사를 마쳤을 때는 너무 힘들어서 서 있을 수도 없었다. 그때 동료가 나와 부딪히는 바람에 새로 사서 처음 입은 셔츠에 커피를 쏟았다. 마침내 이제 퇴근해도 되겠다고 생각한 그 순간 사장님이 야근해야 한다고 말했다!

• skip 건너뛰다 • make photocopies 복사하다 • brand new 새것의
• work overtime 야근하다

writing tutor

I was so tired (that) I couldn't even stand up.

이 문장은 우리가 흔히 so ... that 용법이라고 하는 표현이 쓰였네요. '너무 ~해서 …하다'라는 의미죠. 흔히 쓰는 표현이니 잘 익혀 두세요.

5 자기 침실을 직접 페인트칠 해보는 건 어떨까요?

choose the word **빈칸에 들어갈 표현을 고르세요.**

- then 그런 다음
- moved 이동했다
- empty 텅 빈
- bought 샀다
- secondly 두 번째로

diary in the making 빈칸을 채워 일기를 완성하세요.

Dear Diary,

Jack's bedroom is green now. He painted it last week. He ________________ some paint and two paint brushes. Then he went home. He ________________ the bedroom furniture. First, he put the bed in the living room. ________________, he put the chairs in the kitchen. Then, he put the dresser in the dining room. The bedroom was ________________. He painted the walls and the doors. __________ he put the furniture in the bedroom again. Now the room is clean and comfortable.

✓ 글을 쓰는 것은 익숙해지기만 하면 말하는 것만큼 쉽답니다!!!

finished diary 아하! 이렇게 쓰는 거구나!!!

Dear Diary,

Jack's bedroom is green now. He painted it last week. He bought some paint and two paint brushes. Then he went home. He moved the bedroom furniture. First, he put the bed in the living room. Secondly, he put the chairs in the kitchen. Then, he put the dresser in the dining room. The bedroom was empty. He painted the walls and the doors. Then he put the furniture in the bedroom again. Now the room is clean and comfortable.

잭의 침실은 지금 초록색이다. 그는 지난주에 페인트칠을 했다. 페인트와 붓 2개를 산 다음 집으로 와서 침실 가구들을 옮겼다. 맨 먼저, 그는 침대를 거실에 두었다. 두 번째로, 의자들을 부엌에 내놓았다. 그런 다음 서랍장을 식당에 두었다. 침실에는 아무것도 없게 되었다. 그는 벽과 문에 페인트칠을 했다. 그런 다음 가구들을 다시 침실에 넣었다. 이제 방은 깨끗하고 안락하다.

• dresser 서랍장 • comfortable 안락한, 편안한

writing tutor 무엇을 써야 할지, 무엇부터 써야 할지 몰라서 시작조차 못하는 경우가 있습니다. 이럴 때는 우선 아는 것부터, 생각나는 것부터 맘대로 써보세요. 이런 걸 freewriting이라고 한답니다.

6 수영을 처음 배울 때 어떻던가요?

choose the word 빈칸에 들어갈 표현을 고르세요.

- wants 원하다
- enjoyed 즐겼다
- swallowed 삼켰다
- went 갔다
- tried 시도했다

diary in the making 빈칸을 채워 일기를 완성하세요.

Dear Diary,

I _______________ to the beach with John. John _______________ swimming. He felt it was good exercise and it was fun. He _______________ to teach me how to swim. I kicked my feet. I moved my arms. I _______________ some water. John explained to me how to become a good swimmer. Now he _______________ to practice swimming with me every day. I am very grateful for his help. Soon, I hope to become a good swimmer like John.

✓ 영어공부는 수영과 같습니다. 체험학습이지요. 절대 생각으로 안 됩니다. 직접 해보세요!!!

finished diary 아하! 이렇게 쓰는 거구나!!!

Dear Diary,

I went to the beach with John. John enjoyed swimming. He felt it was good exercise and it was fun. He tried to teach me how to swim. I kicked my feet. I moved my arms. I swallowed some water. John explained to me how to become a good swimmer. Now he wants to practice swimming with me every day. I am very grateful for his help. Soon, I hope to become a good swimmer like John.

나는 존과 해변에 갔다. 존은 좋아라 수영을 했다. 존은 수영이 좋은 운동이고 재미도 있다고 생각했다. 나에게 수영을 가르치려고 애를 쓰기도 했다. 나는 발을 찼고, 팔을 움직였다. 물도 좀 먹었다. 존은 수영을 잘하는 사람이 되려면 어떻게 해야 하는지 나에게 설명해주었다. 이제 그는 매일 나와 함께 수영 연습을 하고 싶어한다. 나를 도와주는 존에게 고마움을 느낀다. 어서 나도 존처럼 수영을 잘하게 되면 좋겠다.

• explain 설명하다 • grateful 고마워하는

writing tutor 교정 볼 때 유용한 팁을 하나 알려드리겠습니다. 전체적인 흐름이나 문맥을 볼 때는 그냥 쭉 읽어보면 되지만 맞춤법이나 문법 그리고 구두법을 확인할 때는 맨 마지막 문장부터 거슬러서 보는 것이 큰 도움이 됩니다. 한번 시도해보세요.

7 할머니댁에서 먹는 점심은 언제나 맛있습니다.

choose the word 빈칸에 들어갈 표현을 고르세요.

- hung 걸렸다
- was
- polished 윤이 나는
- filled 꽉찬
- at (장소)~에
- to

diary in the making 빈칸을 채워 일기를 완성하세요.

Dear Diary,

Today I visited my grandmother. Grandma's kitchen ________________ large and pleasant. It was ________________ with sunlight. Crisp curtains ________________ on clean windows. The sink was spotless. The sturdy stove was ________________. The floor glistened. The glasses and dishes sparkled. I still remember the smells of curry being cooked in the pot. Mother and I sat ________________ the dining table while waiting for Grandma ________________ fix us lunch. Grandma was a good cook. I loved her cooking.

✓ 시제를 항상 유의하세요. 지난 일은 항상 과거시제인 것 아시죠?

finished diary 아하! 이렇게 쓰는 거구나!!!

Dear Diary,

Today I visited my grandmother. Grandma's kitchen was large and pleasant. It was filled with sunlight. Crisp curtains hung on clean windows. The sink was spotless. The sturdy stove was polished. The floor glistened. The glasses and dishes sparkled. I still remember the smells of curry being cooked in the pot. Mother and I sat at the dining table while waiting for Grandma to fix us lunch. Grandma was a good cook. I loved her cooking.

오늘 나는 할머니댁을 방문했다. 할머니의 부엌은 크고 쾌적했다. 햇빛이 한가득 쏟아져 들어왔다. 투명한 창문에는 빳빳한 커튼이 걸려 있었다. 싱크대는 티끌 하나 없이 깨끗했다. 단단한 생김새의 난로는 광이 났다. 마룻바닥도 반짝반짝 윤이 났다. 유리컵과 접시에서도 빛이 났다. 냄비에서 만들어지고 있는 카레 냄새가 아직도 난다. 엄마와 나는 식탁에 앉아 할머니가 점심을 차려주길 기다렸다. 할머니는 요리를 잘하셨다. 나는 할머니의 요리에 흠뻑 빠졌다.

- pleasant 쾌적한, 좋은 • spotless 티 없는 • crisp 빳빳한 • sturdy 단단한
- glisten 빛나다 • sparkle 번쩍이다 • fix (식사 등을) 마련하다

writing tutor 6행의 while waiting for는 while mother and I were waiting for를 현재분사를 써서 줄인 것입니다. 이것을 분사구문이라고 하는데요. 주어, 동사를 두 번 쓰지 않으니, 간단명료하게 표현하는 데 아주 유용하답니다.

8 친구를 위한 깜짝 생일파티 해본 적 있나요?

choose the word **빈칸에 들어갈 표현을 고르세요.**

- carefully 조심스럽게
- wanted 원했다
- already 이미
- planned 계획했다
- volunteered 자원했다

diary in the making 빈칸을 채워 일기를 완성하세요.

Dear Diary,

We __________________ a surprise party for Mary. She never had a birthday party before and she is __________________ twenty years old. First, we __________________ made a guest list. We included many of her friends from school. Second, we decided on the menu. We __________________ to have food which Mary liked. Third, we had to come up with interesting entertainment. Tom __________________ to sing Mary a song. Mike was going to dance for her. But we decided to hire a magician.

✓ 잘 읽어보면 너무나 재미있는 일기입니다!!!
자신이 실제 상황을 겪은 글쓴이라고 생각하고 읽어보세요!!!

finished diary 아하! 이렇게 쓰는 거구나!!!

Dear Diary,

We planned a surprise party for Mary. She never had a birthday party before and she is already twenty years old. First, we carefully made a guest list. We included many of her friends from school. Second, we decided on the menu. We wanted to have food which Mary liked. Third, we had to come up with interesting entertainment. Tom volunteered to sing Mary a song. Mike was going to dance for her. But we decided to hire a magician.

우리는 메리를 위해 깜짝파티를 계획했다. 그녀는 벌써 스무 살이 되도록 한번도 생일 파티를 해본 적이 없었다. 우선, 우리는 신중하게 초대자 명단을 만들었다. 그녀의 학교 친구들을 많이 포함시켰다. 두 번째로, 메뉴를 정했다. 우리는 메리가 좋아하는 음식을 준비하고 싶었다. 세 번째로, 우리는 재미있는 오락을 생각해내야 했다. 톰이 메리에게 노래를 불러주겠다고 자원했다. 마이크는 그녀를 위해 춤을 추기로 했다. 그렇지만 우리는 (결국) 마술사를 부르기로 했다.

• include 포함시키다 • come up with ~을 생각해내다 • entertainment 여흥
• hire 고용하다 • magician 마술사

writing tutor 영어 라이팅 시험에는 주제가 주어지지요. 이때, 영작을 잘하는 요령이 있어요. 우선 자신이 모르는 부분에는 신경 쓰지 말고 아는 부분만 파고드는 것입니다. 자신감을 가지고 아는 것만 깊이 있게 쓰면 점점 글이 완성되어가는 것을 느낄 것입니다. 즉, 자신의 강점을 최대한 활용하는 것입니다.

9 산악자전거를 타본 적 있나요?

choose the word **빈칸에 들어갈 표현을 고르세요.**

- about ~에 대해
- for ~동안
- on ~에
- along ~을 따라
- in ~에는
- of ~의
- to ~로

diary in the making 빈칸을 채워 일기를 완성하세요.

Dear Diary,

I went ____________ a hike with my friends. We hiked ____________ several hours ____________ a mountain trail. Soon it became dark and we were frightened and hungry. None ____________ our cell phones worked in the mountains. Luckily, we met a group of professional hikers. They guided us ____________ the bottom of the mountain. We decided not to go hiking ____________ the future without proper preparations. When I got home and told my parents ____________ my adventure, they were angry with me. They thought I was too careless.

✓ 빈칸 채우기가 글 쓰는 것보다 지루하다고요?
하지만 배움이 있어야 더 좋은 글이 나옵니다.

finished diary 아하! 이렇게 쓰는 거구나!!!

Dear Diary,

I went on a hike with my friends. We hiked for several hours along a mountain trail. Soon it became dark and we were frightened and hungry. None of our cell phones worked in the mountains. Luckily, we met a group of professional hikers. They guided us to the bottom of the mountain. We decided not to go hiking in the future without proper preparations. When I got home and told my parents about my adventure, they were angry with me. They thought I was too careless.

나는 친구들과 등산을 갔다. 우리는 산길을 따라 몇 시간 동안 걸었다. 금방 어두워졌고, 우리는 겁도 나고 배도 고팠다. 산에서 우리 핸드폰 중에 터지는 것은 하나도 없었다. 다행히 우리는 한 무리의 전문 등산가들을 만났다. 그들이 우리를 산 밑자락까지 안내해주었다. 우리는 앞으로 적절한 준비물 없이 등산을 하지 않기로 결심했다. 집에 도착해서 부모님께 오늘 있었던 모험을 말씀드리자 화를 내셨다. 내가 너무 조심성이 없다고 생각하셨다.

• **hike** 등산; 등산하다 • **frightened** 겁이 난 • **preparation** 준비 • **careless** 부주의한

writing tutor

We were frightened...라는 문장이 나왔지요. '우린 무척 겁이 났다'는 의미죠. 그러면 '등산은 겁이 난다.'는 뭐라고 할까요? The hike is frightening.이에요. frightened/frightening이 뭐가 다르냐구요? 사람의 기분은 특정 대상에 의해 생기는 거라 수동형인 과거분사(frightened)를 쓰고, 주어의 성향이나 상태를 말할 땐 현재분사형을 쓴답니다.

10 왕초보 운전자의 차에 탈 때 느끼는 공포, 경험한 적 있나요? :)

choose the word **빈칸에 들어갈 표현을 고르세요.**

- suddenly 갑자기
- needs 필요가 있다
- luckily 운좋게
- have 가지다
- herself

diary in the making 빈칸을 채워 일기를 완성하세요.

Dear Diary,

My sister Violet is learning to drive. She does not ____________ a license. She only has a learner's permit and must have Dad with her in the car. I think she ____________ more practice before she can go on the road by ____________. Today, she drove our family to a restaurant for dinner. We were going downhill when she stepped on the accelerator. The car ____________ sped down the hill and everyone in the car jerked forward. ____________, there was no car in front of us. Dad got angry and he drove on our way back home.

✓ <3030English>에서도 여러 번 언급했듯이 영어에 왕도는 없습니다. 꾸준히 열심히~

finished diary 아하! 이렇게 쓰는 거구나!!!

Dear Diary,

My sister Violet is learning to drive. She does not have a license. She only has a learner's permit and must have Dad with her in the car. I think she needs more practice before she can go on the road by herself. Today, she drove our family to a restaurant for dinner. We were going downhill when she stepped on the accelerator. The car suddenly sped down the hill and everyone in the car jerked forward. Luckily, there was no car in front of us. Dad got angry and he drove on our way back home.

바이올렛 누나가 운전을 배우는 중이다. 누나는 운전면허증이 없다. 운전을 배우는 사람에게 주는 허가증만 있을 뿐이어서 아버지가 같이 차에 타야만 한다. 나는 누나가 혼자 도로로 나갈 수 있으려면 연습을 더 해야 한다고 생각한다. 오늘, 누나는 우리 가족을 태우고 저녁 먹을 레스토랑까지 갔다. 우리가 내리막길을 가고 있을 때 누나는 액셀러레이터를 밟았다. 차는 갑자기 속도를 내서 언덕 아래를 달렸고, 차 안에 탄 모두가 앞쪽으로 고꾸라졌다. 다행히 우리 앞에는 차가 없었다. 아버지는 화가 나셨고, 돌아올 때 직접 운전하셨다.

• permit 허가증 • speed 속도를 내다 • jerk 갑자기 움직이다

writing tutor 동사 speed의 과거형은 sped입니다. 낯설죠? 불규칙 동사의 과거형은 항상 잘 챙겨두세요. 여러 차례 언급하지만, 일기는 과거형을 쓸 일이 많잖아요.

11 학창시절 별로 공부 안 해도 성적이 좋은 친구들이 있었죠? 얄미워라~

choose the word 빈칸에 들어갈 표현을 고르세요.

- seldom 거의 ~않다
- as ~만큼
- but 하지만
- announced 발표했다
- shall ~할 것이다
- such 그런

diary in the making 빈칸을 채워 일기를 완성하세요.

Dear Diary,

My friend Jimmy is a poor student, ______________ he is a smart boy. His grades are ______________ good as mine but he ______________ studies. Today, we had a pop quiz in class. I struggled with the questions. However, Jimmy seemed to answer them with ease. Later when the teacher ______________ the results, Jimmy got most of the questions right. I don't understand how he can manage to get ______________ scores when he never studies. Maybe he has a secret. I ______________ ask him tomorrow if he can share his secret with me.

✔ 자기 자신이 글을 쓴다는 느낌으로 다음 페이지의 정답을 훑어보세요.

finished diary 아하! 이렇게 쓰는 거구나!!!

Dear Diary,

My friend Jimmy is a poor student, but he is a smart boy. His grades are as good as mine but he seldom studies. Today, we had a pop quiz in class. I struggled with the questions. However, Jimmy seemed to answer them with ease. Later when the teacher announced the results, Jimmy got most of the questions right. I don't understand how he can manage to get such scores when he never studies. Maybe he has a secret. I shall ask him tomorrow if he can share his secret with me.

내 친구 지미는 별 볼일 없는 학생이지만, 똑똑한 아이이다. 그의 성적은 나만큼 좋지만, 공부는 거의 안 한다. 오늘 우리는 수업시간에 쪽지 시험을 봤다. 나는 문제들을 가지고 씨름했다. 그런데, 지미는 아주 쉽게 답을 쓰는 것 같았다. 나중에 선생님께서 결과를 발표했을 때 지미는 문제를 대부분 맞혔다. 지미가 공부를 하나도 하지 않는데 어떻게 그런 점수를 받을 수 있는지 이해가 되지 않는다. 아마도 그에겐 비결이 있나보다. 내일은 걔한테 그 비결을 알려줄 수 있는지 물어봐야지.

• struggle 애쓰다 • with ease 쉽게(= easily) • manage to 간신히 ~하다

writing tutor 여기서는 첫 문장처럼 현재시제로 되어 있는 문장이 종종 보이네요. 그 문장들은 일반적인 사실을 말하고 있는 거예요. 과거에도 그랬고 지금도 그렇다는 거죠. I jog in the morning.(난 아침에 조깅을 한다.)처럼 지금 가지고 있는 습관을 말할 때도 단순현재시제를 쓴다는 것, 잊지 마세요.

12 영화를 본 후 영화에 대한 느낌을 일기에…

choose the word 빈칸에 들어갈 표현을 고르세요.

- with ~에
- about ~에 대한
- because ~ 때문에
- before 전에
- to

diary in the making 빈칸을 채워 일기를 완성하세요.

Dear Diary,

I watched a movie today. It was ________________ a man who had never fallen in love ______________. He felt that love did not exist. He went on dates with many women but had problems ____________________________ commitment. After watching the movie, I realized how important it was to love someone. In the movie, the man had to learn ________________ love himself before he could love others. He had failed to love others ____________________ he was insecure about himself. I highly recommend this movie.

✓ 때론 지겹기도, 하기 싫기도 하죠?
힘내세요~ 노력의 결과는 꼭 있습니다.

finished diary 아하! 이렇게 쓰는 거구나!!!

Dear Diary,

I watched a movie today. It was about a man who had never fallen in love before. He felt that love did not exist. He went on dates with many women but had problems with commitment. After watching the movie, I realized how important it was to love someone. In the movie, the man had to learn to love himself before he could love others. He had failed to love others because he was insecure about himself. I highly recommend this movie.

오늘 영화를 봤다. 한번도 사랑에 빠져본 적 없는 남자에 관한 것이었다. 그는 사랑이란 존재하지 않는다고 생각했다. 그는 여러 여자와 데이트를 했지만, 관계를 지속하는 것은 잘 못했다. 영화를 보고 난 후, 나는 누군가를 사랑하는 것이 얼마나 중요한 것인지 깨달았다. 영화에서 남자는 다른 사람을 사랑할 수 있게 되기 전에 자신을 사랑하는 법을 배워야만 했다. 그는 스스로에게 불안해했기 때문에 타인을 사랑하지 못했던 것이다. 이 영화를 적극 추천한다.

• exist 존재하다 • commitment 전념 • insecure 불안한 • recommend 추천하다

writing tutor

끝에서 2번째 문장을 보면 He had failed to love... 가 있지요? 'had + 과거분사', 즉 과거완료 시제 문장이에요. 이건 과거의 특정 시점보다 앞서 일어난 일을 말할 때 쓰는 거죠. 일기는 지난 일에 관해 쓰는 것이니 그것보다 먼저 일어난 일을 표현할 때 활용해보세요.

13 새해가 되면 항상 다짐하고 또 다짐하지요~

choose the word **빈칸에 들어갈 표현을 고르세요.**

- in fact 사실
- however 그러나
- in the past 과거에는
- instead 대신에
- kept 지켰다

diary in the making 빈칸을 채워 일기를 완성하세요.

Dear Diary,

Every new year I make several resolutions. ________________, I promised to quit smoking, lose weight, and study French. ________________, I have never ________________ any of these promises. This year, I will not make any unrealistic goals. ________________ I want to set a realistic goal for myself. I promise to write a diary every day in my new diary. This way, I can practice my writing skills as well as keep a record of my thoughts. ________________, even Oprah Winfrey had been writing a diary every day for almost twenty years.

✓ 매일 하루하루가 새해 첫날이라고 생각하고
하루 1분 영어로 글쓰기 포기하지 마세요!!!

finished diary 아하! 이렇게 쓰는 거구나!!!

Dear Diary,

Every new year I make several resolutions. In the past, I promised to quit smoking, lose weight, and study French. However, I have never kept any of these promises. This year, I will not make any unrealistic goals. Instead I want to set a realistic goal for myself. I promise to write a diary every day in my new diary. This way, I can practice my writing skills as well as keep a record of my thoughts. In fact, even Oprah Winfrey had been writing a diary every day for almost twenty years.

새해마다 나는 몇 가지 결심을 한다. 과거에는 담배를 끊고, 살을 빼고, 프랑스어를 공부하겠다고 맹세했지. 그러나 나는 이런 약속을 하나도 지키지 않았어. 올해는 비현실적인 목표는 잡지 않을래. 대신 나 자신을 위한 현실적인 목표를 세우고 싶어. 새로 산 내 일기장에 매일 일기를 쓰겠어. 이렇게 하면 내 생각을 기록하는 것일 뿐 아니라 글쓰기 실력도 닦을 수 있어. 사실 오프라 윈프리도 근 20년간 매일 일기를 쓰고 있지.

• resolution 결심 • keep a promise 약속을 지키다 • unrealistic 비현실적인

writing tutor 과연 이런 수준의 글을 내가 쓸 수 있을까, 하고 의문을 가지는 분도 있을 겁니다. 물론 처음부터 쉽지는 않습니다. 하지만 매일 한두 개씩 눈에 들어오는 표현들을 익혀나가다보면 이 책이 끝날 즈음에는 이 정도는 충분히 쓸 수 있습니다. 첫술에 배부르려 하지 말고요, 차근차근 실력을 쌓아나가보세요.

14 친구생일 파티에서… 경찰의 출동이라??

choose the word **빈칸에 들어갈 표현을 고르세요.**

- came 왔다
- was playing 틀어주고 있었다
- tried to ~하려고 했다
- gathered 모였다
- started 시작했다

diary in the making 빈칸을 채워 일기를 완성하세요.

Dear Diary,

What a day! It was my friend's birthday. We all ______________ at his house for a party. There were lots of people. A DJ ______________ dance music while many people were dancing. Some of the guests were already quite drunk. Around 10 p.m. the party got out of hand when two male guests ______________ arguing with each other. Soon they started to fistfight. We ______________ to stop them from making so much noise but things were getting out of control. About half an hour later, the police ______________ to stop the party. Some neighbors had called the police to complain about the noise.

✓자, 쉽지 않습니다. 하지만 최선을 다하세요!!!
좋은 결과가 여러분을 기다리고 있습니다.

finished diary 아하! 이렇게 쓰는 거구나!!!

Dear Diary,

What a day! It was my friend's birthday. We all gathered at his house for a party. There were lots of people. A DJ was playing dance music while many people were dancing. Some of the guests were already quite drunk. Around 10 p.m. the party got out of hand when two male guests started arguing with each other. Soon they started a fistfight. We tried to stop them from making so much noise but things were getting out of control. About half an hour later, the police came to stop the party. Some neighbors had called the police to complain about the noise.

대단한 하루였다! 친구 생일이었다. 우리는 모두 파티를 하려고 그의 집으로 모였다. 사람들이 많았다. DJ가 댄스음악을 틀고 있었고, 사람들은 춤추고 있었다. 온 사람들 가운데는 이미 꽤 취한 사람도 있었다. 10시쯤 되자, 두 남자 손님이 말다툼을 벌이기 시작하면서 파티는 통제 범위를 넘어섰다. 곧 그들은 주먹다짐을 시작했다. 우리는 두 사람이 소란 피우는 걸 막으려고 해봤지만, 걷잡을 수 없는 상황이 돼버렸다. 약 30분 후에 경찰이 파티를 중단시키려고 왔다. 누군지 이웃에서 경찰에 전화해 시끄럽다고 불평했던 것이다.

- get out of hand 정도를 넘다 • noise 소리, 소음 • out of control 통제할 수 없는
- complain 불평하다

writing tutor out of hand, out of control이라는 표현이 나왔어요. out of는 '~의 범위 밖에' 라는 의미예요. 그래서 out of mind는 '정신 나간' 이란 뜻이 되죠. 이렇게 숙어도 무조건 외우지 말고 의미를 찬찬히 따져보면 쉽게 내 것으로 만들 수 있답니다.

15 용돈을 모아 MP3 플레이어를 사다!!!

choose the word 빈칸에 들어갈 표현을 고르세요.

- finally 마침내
- own 소유하다
- why 이유
- saving up 저축하는 것
- to

diary in the making 빈칸을 채워 일기를 완성하세요.

Dear Diary,

I ____________________ bought myself an MP3 player. I had been saving money to buy the MP3 player for the past three months. These days everyone seems to ____________________ one. However, my parents refused ____________________ buy one for me. So I had to buy it with my own money. At first, I didn't understand why my parents refused to buy me the player. But now I understand ____________________. They wanted me to learn the importance of ____________________ for something. Now I'm going to save money from my allowance to buy my own things.

✓자, 벌써 이 책의 딱 절반을 하셨네요! 끝까지 힘내세요!!!

finished diary 아하! 이렇게 쓰는 거구나!!!

Dear Diary,

I finally bought myself an MP3 player. I had been saving money to buy the MP3 player for the past three months. These days everyone seems to own one. However, my parents refused to buy one for me. So I had to buy it with my own money. At first, I didn't understand why my parents refused to buy me the player. But now I understand why. They wanted me to learn the importance of saving up for something. Now I'm going to save money from my allowance to buy my own things.

드디어 내 힘으로 MP3 플레이어를 샀다. 이걸 사려고 지난 3개월 동안 돈을 모아왔지. 요즘은 누구나 하나씩은 갖고 있는 것 같다. 그런데 우리 부모님은 사주지 않으셨다. 그래서 내 돈으로 사야 했다. 처음에는 왜 우리 부모님이 MP3플레이어를 사주시지 않는지 이해할 수 없었다. 하지만 지금은 그 이유를 안다. 뭔가를 위해 돈을 모으는 것의 중요성을 가르쳐주고 싶으셨던 거다. 이제는 내 물건을 사기 위해 용돈에서 돈을 모아야지.

- allowance 용돈

writing tutor 일기를 쓰다 보면 하루 종일 아무것도 안 한 것 같고, 무엇을 써야 할지 도무지 생각나지 않을 때가 있습니다. 그럴 땐 그냥 일기 쓰는 시점의 자기 기분을 적어보는 것도 좋은 방법입니다. 가령 "내일 시험 때문에 걱정된다. I am worried about the exam tomorrow."라던지요.

16 어딜 가나 신경에 거슬리는 사람이 한 명씩은 있죠.

choose the word **빈칸에 들어갈 표현을 고르세요.**

- always 항상
- pretend ~하는 척하다
- worse 더 심한
- starting 시작하다
- especially 특히

diary in the making 빈칸을 채워 일기를 완성하세요.

Dear Diary,

I know a guy in school who is really _______________ to irritate me. At first, I didn't think that he was that annoying. However, as I got to know him better, he was ____________________ than my little brother. Now I can't stand to be around him, ________________________ when he talks. He pretends to know everything. When someone asks a question, he will _________________________ make up an answer and ______________________ to know what he is talking about. He likes to be a smart aleck.

✓글을 쓸 때는 무엇보다도 자신감을 가지세요. 난 할 수 있다!!!

finished diary 아하! 이렇게 쓰는 거구나!!!

Dear Diary,

I know a guy in school who is really starting to irritate me. At first, I didn't think that he was that annoying. However, as I got to know him better, he was worse than my little brother. Now I can't stand to be around him, especially when he talks. He pretends to know everything. When someone asks a question, he will always make up an answer and pretend to know what he is talking about. He likes to be a smart aleck.

학교에서 정말 신경에 거슬리기 시작한 녀석이 있다. 처음에는 그 녀석이 그렇게 짜증스럽다고 생각하지 않았다. 그러나 녀석을 더 잘 알게 되자, 내 남동생보다 심했다. 이제는 그가 얘기할 때는 특히 그의 옆에 있는 것이 견디기 힘들다. 그는 모든 것을 아는 척한다. 누군가가 질문을 하면 항상 대답을 지어내고, 자신이 말하는 것을 아는 척한다. 그는 똑똑한 체하길 좋아한다.

- **irritate** 짜증나게 하다 • **stand** 참다, 견디다 • **make up** 만들어내다
- **aleck** 똑똑한 체하는 사람

writing tutor

첫 문장 I know a guy in school who is really starting...을 해석과 비교하면 약간 어색할 수도 있습니다. "학교에 날 열 받게 하는 놈이 하나 있어."로 know가 '있다'로 해석이 된 것이죠. know는 당연히 '알다'입니다만, 여기선 문맥상 '~가 있어'라고 해야 자연스럽지요. 이렇게 영문과 해석을 비교하며 영어식 사고를 키워 보는 것도 한 방법입니다.

17 신입생 시절, 기억나시나요? 두려움과 기대감~

choose the word **빈칸에 들어갈 표현을 고르세요.**

- is it~?
- might ~일지도 모른다
- finally 마침내
- be
- a little 조금
- am

diary in the making 빈칸을 채워 일기를 완성하세요.

Dear Diary,

I'm ________ 18 years old. I'm going to be a college student. I'm very excited about my future. But at the same time I am ____________ frightened. This will ______________ the first time I'll be living away from my parents. I know I will enjoy the freedom, but I'm afraid I ___________ get homesick. A few years ago, becoming independent seemed liked a dream come true. Now the moment is finally here for me to pack my bags and leave my parents. I'm not sure if I ________________ ready to face the world alone. _______________ just me or do all freshman students have similar doubts and fears?

✓우리는 항상 초심을 잃지 말고 하루 1분을 기꺼이 투자합니다.

finished diary 아하! 이렇게 쓰는 거구나!!!

Dear Diary,

I'm finally 18 years old. I'm going to be a college student. I'm very excited about my future. But at the same time I am a little frightened. This will be the first time I'll be living away from my parents. I know I will enjoy the freedom, but I'm afraid I might get homesick. A few years ago, becoming independent seemed liked a dream come true. Now the moment is finally here for me to pack my bags and leave my parents. I'm not sure if I am ready to face the world alone. Is it just me or do all freshman students have similar doubts and fears?

드디어 열여덟 살이 되었다. 나는 대학생이 된다. 내 미래를 생각하면 매우 흥분되지만, 동시에 조금 겁도 난다. 이번이 처음으로 부모님과 떨어져 살게 되는 것이다. 자유를 만끽하게 되리란 건 알지만, 집이 그리워지진 않을지 걱정이다. 몇 년 전에는 독립하는 것이 꿈을 이루는 것만 같았는데. 내가 짐을 싸서 부모님을 떠날 그 순간이 지금 마침내 온 것이다. 내가 세상을 혼자 부딪힐 준비가 돼 있는지 확신이 없다. 나만 이러는 걸까? 아니면 다른 대학 신입생들도 모두 비슷한 의문과 두려움이 있을까?

• homesick 향수병 • independent 독립적인

writing tutor

일기를 제외한 거의 모든 글을 쓸 때 리서치가 필요합니다. 쓰는 주제와 분야에 따라 배경 지식과 참고 내용을 미리 조사하는 것이지요. 이제 우리도 일기를 영어로 쓰는 만큼 단어나 표현 한두 개를 미리 찾아보는 건 어떨까요? 실제로 영국에서 외국인에게 일기쓰기를 시킬 때 자주 쓰는 방법이랍니다.

18 어떤 장르의 음악을 좋아하나요? 힙합? 록? 발라드?

choose the word **빈칸에 들어갈 표현을 고르세요.**

- by ~에 의한
- even 심지어
- went 갔다
- relieve 완화시키다
- just 단지

diary in the making 빈칸을 채워 일기를 완성하세요.

Dear Diary,

I ____________________ to the record store to buy the brand new album ______________________ my favorite rock group. I like rock music. When I listen to rock music, it helps to _________________ stress. Some people think that rock music is ______________________ loud and meaningless. Many people don't realize that rock music is also a form of art. When I was younger, I ________________ used to be in a band with my friends. I played the guitar. Nowadays people like hip hop music and ballads. I hope rock music will become popular once again in the near future.

✓ 음악에 몸을 맡기듯, 바람소리에 나뭇잎이 춤을 추듯,
자유롭게 일기를 써봅시다.

finished diary 아하! 이렇게 쓰는 거구나!!!

Dear Diary,

I went to the record store to buy the brand new album by my favorite rock group. I like rock music. When I listen to rock music, it helps to relieve stress. Some people think that rock music is just loud and meaningless. Many people don't realize that rock music is also a form of art. When I was younger, I even used to be in a band with my friends. I played the guitar. Nowadays people like hip hop music and ballads. I hope rock music will become popular once again in the near future.

내가 가장 좋아하는 록그룹의 최신 앨범을 사려고 음반가게에 갔다. 나는 록음악이 좋다. 록음악을 들으면 스트레스가 풀린다. 어떤 사람들은 록이 시끄럽기만 하고 의미가 없다고 생각한다. 많은 사람들이 록이 하나의 예술 형태임을 깨닫지 못하는 것이다. 더 어렸을 때는 친구들과 밴드 활동도 했었다. 나는 기타를 쳤다. 요즘 사람들은 힙합과 발라드를 좋아한다. 록이 조만간 다시 한번 인기를 끌기를.

• **meaningless** 의미 없는 • **nowadays** 요즘

writing tutor

I even used to be... 라는 문장이 있지요? 이 used to라는 표현은 유의해야 해요. used to 다음에 동사가 오면 '~한 적이 있다' 라는 뜻이고, I'm used to hard work.처럼 명사와 함께 쓰이면 '~에 익숙하다' 라는 의미예요. 따라서 이 영어 문장은 '난 힘든 일에 익숙해' 란 뜻이죠.

19 몸짱 열풍에 너도나도 헬스클럽~

choose the word **빈칸에 들어갈 표현을 고르세요.**

- at ~에서
- for ~동안
- a 하나의
- become ~되다, ~해지다
- out
- to

diary in the making 빈칸을 채워 일기를 완성하세요.

Dear Diary,

I started working ____________ at the gym. The trainer ____________ the gym told me to set ____________ target for myself. I decided ____________ lose 5kg in one month. As today was my first day, the trainer didn't want me to overwork myself. After stretching ____________ an hour, I was soaked with perspiration. Then I ran on the treadmill for half an hour. There were many people in the gym. It was good to see that so many people were working hard to keep healthy. Hopefully, I can ________ fit and strong.

✓ 혹시 잊진 않았지요? 3일에 한 번씩 우리의 결심을 새롭게 하는 것 말이에요.^^

finished diary 아하! 이렇게 쓰는 거구나!!!

Dear Diary,

I started working out at the gym. The trainer at the gym told me to set a target for myself. I decided to lose 5kg in one month. As today was my first day, the trainer didn't want me to overwork myself. After stretching for an hour, I was soaked with perspiration. Then I ran on the treadmill for half an hour. There were many people in the gym. It was good to see that so many people were working hard to keep healthy. Hopefully, I can become fit and strong.

헬스장에서 운동을 시작했다. 헬스장에 있는 트레이너가 나에게 맞는 목표를 정하라고 말했다. 나는 한 달에 5킬로를 빼기로 결심했다. 오늘은 첫날이기 때문에 트레이너는 무리하게 운동하지 못하게 했다. 1시간 동안 스트레칭을 하고 나자, 땀으로 흠뻑 젖었다. 그러고 나서 러닝머신에서 30분 동안 달렸다. 헬스장에는 사람들이 많았다. 수많은 사람들이 건강을 지키기 위해 열심히 운동하고 있는 게 보니 좋았다. 건강하고 힘이 세지면 좋겠다.

• overwork 무리하게 하다 • be soaked with ~에 흠뻑 젖다 • perspiration 땀

writing tutor 한글 2002 같은 문서작성 프로그램에서 한글 철자나 오류를 빨간 줄로 표시해주듯, MS WORD는 영어의 오류, 심지어 문장 오류에도 색깔 줄로 표시해줍니다. 그래서 영어일기를 쓸 때 MS WORD로 하라고 권하는 경우가 많습니다. 틀린 부분을 대부분 잡아주기 때문이죠.

20 이상형을 버스에서 만난다면???

choose the word 빈칸에 들어갈 표현을 고르세요.

- only 단지
- enough 충분히
- this 이번
- so 매우
- about 대략

diary in the making 빈칸을 채워 일기를 완성하세요.

Dear Diary,

Today I met the girl of my dreams. I was on my way to work when she boarded the bus at City Hall. She was ____________________ my age and height. She was the prettiest girl I've ever seen. Not ____________________ was she beautiful, she even had a heart of gold. She gave up her seat to an old lady. I was ____________________ fascinated by her that I missed my stop. Unfortunately, I did not have the courage to talk to her. I hope to meet her again tomorrow. Maybe ____________________ time I can be brave ____________________ to introduce myself to her.

✓ 음~ 첫사랑의 느낌처럼. 영어와 매일 첫사랑에 빠지세요.

finished diary 아하! 이렇게 쓰는 거구나!!!

Dear Diary,

Today I met the girl of my dreams. I was on my way to work when she boarded the bus at City Hall. She was about my age and height. She was the prettiest girl I've ever seen. Not only was she beautiful, she even had a heart of gold. She gave up her seat to an old lady. I was so fascinated by her that I missed my stop. Unfortunately, I did not have the courage to talk to her. I hope to meet her again tomorrow. Maybe this time I can be brave enough to introduce myself to her.

오늘 꿈에 그리던 이상형을 만났다. 출근하는 길이었는데, 그녀가 시청에서 버스에 올랐다. 나이도 키도 나랑 비슷했다. 그녀는 내가 본 여자애 중에서 가장 예뻤다. 아리따울 뿐 아니라 마음씨도 고왔다. 자기 자리를 할머니에게 양보하는 것이 아닌가. 나는 그녀에게 홀려서 내릴 정류장을 지나쳤다. 불행히도, 그녀에게 말을 걸 용기는 없었다. 내일 그녀를 다시 만나게 되었으면. 이번에는 용기를 내어 그녀에게 날 소개할 수 있을지도 몰라.

• fascinate 황홀하게 하다, 반하게 하다

writing tutor 글을 쓸 때 주의할 점 중 하나는 문장과 문장, 문단과 문단의 연결 및 연관성입니다. 자신이야 이 내용에서 저 내용으로 건너뛰어도 이해가 되지만, 제3자의 입장에서는 무슨 소린지 모르거든요. 글의 연결은 매우 중요합니다. 항상 이전 문장과 현재문장 또는 이전 문단과 현재 문단이 잘 연결되는지 확인해야 합니다.

21 엎친 데 덮친 격이란 이런 게 아닐까요?

choose the word **빈칸에 들어갈 표현을 고르세요.**

- after ~후에
- and 그리고
- should ~해야 한다
- then 그러고 나서
- when ~할 때

diary in the making 빈칸을 채워 일기를 완성하세요.

Dear Diary,

There is an old saying, 'when it rains it pours'. Today was a day when I learned the true meaning of this phrase. I got up late for work ________ was scolded by my boss. __________ I received a call from my brother that grandma was ill. ____________ work I was on my way to the hospital to see my grandma ______________ my girlfriend called to say she wanted to break up with me. What a terrible day. I think I __________ go to bed quickly and try to forget everything that's happened today.

✓ 유용한 표현이 한두 개가 아닙니다.
매일 최소한 한 개라도 자신의 것으로 만드세요.

finished diary 아하! 이렇게 쓰는 거구나!!!

Dear Diary,

There is an old saying, 'when it rains it pours'. Today was a day when I learned the true meaning of this phrase. I got up late for work and was scolded by my boss. Then I received a call from my brother that grandma was ill. After work I was on my way to the hospital to see my grandma when my girlfriend called to say she wanted to break up with me. What a terrible day. I think I should go to bed quickly and try to forget everything that's happened today.

'엎친 데 덮친 격' 이라는 옛말이 있다. 오늘은 이 말의 진정한 의미를 알게 된 하루였다. 늦잠을 자서 회사에 지각했고, 사장님한테 잔소리를 들었다. 그러고 나서 할머니가 편찮으시다는 형의 전화를 받았다. 퇴근 후에 할머니를 뵈러 병원으로 가는 도중에 나랑 헤어지고 싶다는 여자친구의 전화를 받았다. 이 무슨 재수 옴 붙은 날인가. 일찍 잠자리에 들어서 오늘 일어난 일을 몽땅 잊어버려봐야겠다.

• scold 꾸짖다, 야단치다

writing tutor 우리말도 그렇지만 같은 단어를 너무 자주 쓰는 것은 좋은 글쓰기가 아닙니다. 영어에서는 특히 그렇지요. 같은 단어를 반복해서 쓰는 걸 막기 위해 원어민이 흔히 사용하는 것이 Thesaurus입니다. 유의어, 반의어를 모은 사전이죠. 영작문 중급자로 내닫고 있는 우리에게도 꼭 필요한 사전입니다. 종류가 많으니, 잘 살펴보고 제일 마음에 드는 것으로 고르세요.

22 귀가 시간 때문에 부모님께 혼나거나 반항해본 적 혹시 없나요?

choose the word **빈칸에 들어갈 표현을 고르세요.**

- already 이미
- stay 머무르다
- before ~전에
- being ~하고 있는 (현재의 일시적인 상태)
- that

diary in the making 빈칸을 채워 일기를 완성하세요.

Dear Diary,

I had an argument with my mother. She wanted me to come home ____________________ midnight. I don't understand the reason for her demands. I am ________________ a college student. All my friends get to ______________________ out late. I feel that my parents are being overprotective. My mother thinks that girls should not be out late at night. I think she is________________ old-fashioned and conservative. Why can't she understand ___________ times have changed? I hope she will let me stay at Jill's house over the weekend.

✓ 여기까지 열심히 한 자신을 칭찬해주세요!!
그리고 또 용맹정진합시다.

finished diary 아하! 이렇게 쓰는 거구나!!!

Dear Diary,

I had an argument with my mother. She wanted me to come home before midnight. I don't understand the reason for her demands. I am already a college student. All my friends get to stay out late. I feel that my parents are being overprotective. My mother thinks that girls should not be out late at night. I think she is being old-fashioned and conservative. Why can't she understand that times have changed? I hope she will let me stay at Jill's house over the weekend.

엄마랑 말다툼을 했다. 엄마는 자정 전에 귀가하라고 하셨다. 나는 엄마가 그런 요구를 하는 이유를 이해할 수 없다. 나는 이미 대학생이다. 내 친구들은 모두 늦게까지 밖에 있다. 우리 부모님이 과잉보호를 하시는 것 같다. 엄마는 여자애들은 밤 늦게까지 밖에 있으면 안 된다고 생각하신다. 나는 엄마가 구식이고 보수적이라고 생각한다. 세월이 변했다는 걸 왜 모르실까? 이번 주말에 질의 집에서 지내게 해주시길 바랄 뿐이다.

• argument 말다툼, 논쟁 • stay out 늦게 귀가하다, 늦게까지 밖에 있다
• overprotective 과보호의 • old-fashioned 구식의 • conservative 보수적인

writing tutor 주로 글을 다듬을 때 쓰는 방법으로 단어 바꾸기가 있습니다. 자신의 뜻을 제대로 전달하지 못하는 단어들을 보다 적절한 것으로 바꾸는 작업입니다. 중요한 글을 쓸 때는 반드시 필요한 과정이고요. 일기를 쓸 때도 가끔 시도해보면 큰 도움이 된답니다.

23 노약자석에서 혹 실수로 졸아본 적 있나요?

choose the word 빈칸에 들어갈 표현을 고르세요.

- going
- as ~처럼
- of ~의
- was
- were

diary in the making 빈칸을 채워 일기를 완성하세요.

Dear Diary,

I had an interesting experience today. I was ________ downtown to meet Sally for a cup ________ coffee. The subway was crowded ________ usual. Most of the passengers in the subway ________ elderly citizens. They occupied most of the seats on the subway. Suddenly, an old man shouted at a young woman sitting on the subway. He complained that she did not give up her seat for him and ________ pretending to sleep. The young woman started to cry. None of the other passengers tried to stop the old man's verbal abuse. I wonder who was at fault.

✓항상 최선을 다하면 반드시 그 결과를 보게 될 것입니다!!!

finished diary 아하! 이렇게 쓰는 거구나!!!

Dear Diary,

I had an interesting experience today. I was going downtown to meet Sally for a cup of coffee. The subway was crowded as usual. Most of the passengers in the subway were elderly citizens. They occupied most of the seats on the subway. Suddenly an old man shouted at a young woman sitting on the subway. He complained that she did not give up her seat for him and was pretending to sleep. The young woman started to cry. None of the other passengers tried to stop the old man's verbal abuse. I wonder who was at fault.

오늘 흥미로운 경험을 했다. 샐리를 만나 커피 한잔 하려고 시내로 가고 있었다. 지하철은 늘 그렇듯이 붐볐다. 지하철 승객 대부분이 노인들이었다. 그들은 전철 안의 좌석을 거의 점령하다시피 했다. 갑자기 어떤 할아버지가 앉아 있는 한 젊은 여자에게 소리쳤다. 그 여자가 자신에게 자리를 양보하지 않고, 자는 척하고 있었다고 불평했다. 젊은 여자는 울기 시작했다. 다른 승객들 중 아무도 그 노인의 험한 말을 제지하려고 하지 않았다. 누가 잘못한 건지.

- downtown 시내에서, 도심으로 • as usual 평소처럼 • shout at ~에 대고 소리치다
- give up 양보하다, 포기하다 • verbal abuse 욕설, 언어폭력 • at fault 잘못하여

writing tutor 문장들이 하나같이 길거나 하나같이 짧다면, 아주 지루하겠죠. 무슨 말이냐 하면 글을 쓸 때 긴 문장과 짧은 문장이 사이좋게 어우러져 있어야 흥미로운 패턴이라는 것입니다. 이런 조화로운 전개방식이 읽는 이의 마음을 더욱 강하게 사로잡습니다.

24 어릴 적 가족의 물건이나 돈에 손을 대본적 있나요?

choose the word **빈칸에 들어갈 표현을 고르세요.**

- under ~아래
- have
- into ~안으로
- such 그렇게
- shall

diary in the making 빈칸을 채워 일기를 완성하세요.

Dear Diary,

I ____________________ a confession to make. After school, I came home and found that no one was home. I sneaked ____________________ my parents' room. I opened my mother's cabinet drawer. After searching for a few minutes, I found a hundred dollar bill hidden ____________________ some socks. I took the money and returned to my room. Now I regret what I have done. I think I ____________________ put back the money tomorrow. I just hope she doesn't realize that the money is missing before I put it back. I feel like ____________________ a bad son.

✓ 아, 숨차오! 실력이 향상되는 자신의 모습을 보니 숨이 헉 하고 차오르지 않는가?

finished diary 아하! 이렇게 쓰는 거구나!!!

Dear Diary,

I have a confession to make. After school, I came home and found that no one was home. I sneaked into my parents' room. I opened my mother's cabinet drawer. After searching for a few minutes, I found a hundred dollar bill hidden under some socks. I took the money and returned to my room. Now I regret what I have done. I think I shall put back the money tomorrow. I just hope she doesn't realize that the money is missing before I put it back. I feel like such a bad son.

고백할 것이 있다. 학교 끝나고 집에 갔는데, 아무도 없었다. 나는 부모님 방으로 몰래 들어갔다. 엄마의 장롱 서랍을 열었다. 몇 분 뒤진 끝에 양말 밑에 숨겨진 100달러짜리 지폐를 하나 발견했다. 나는 그 돈을 가지고 내 방으로 돌아왔다. 지금은 내가 한 짓이 후회스럽다. 내일 그 돈을 돌려놔야겠다. 내가 도로 갖다 놓기 전에 엄마가 돈이 없어진 걸 알아채시지 않길 바랄 뿐이다. 아주 못된 아들이 된 것 같은 기분이다.

- make a confession 고백하다
- sneak into ~로 숨어들어가다
- put back 제자리로 되돌리다
- missing 사라진

writing tutor

글을 쓴 후 꼭 확인해야 하는 것 중 하나가 문법입니다. 동사의 시제, 복수/단수 구분 등을 자신의 수준에서 점검합니다. 다시 말해, 문법에 자신이 없더라도 아는 범위 내에서 확인합니다. 문법실력이 많이 부족하더라도 꼭 이렇게 해보십시오.

25 아~ 놀이공원에서의 데이트라…

choose the word 빈칸에 들어갈 표현을 고르세요.

- but 하지만
- still 여전히
- around 주변에
- then 그러고 나서
- in

diary in the making 빈칸을 채워 일기를 완성하세요.

Dear Diary,

I had a lot of fun today. I met Penny in the morning to go to the amusement park. It was ____________ early, so there were not many people ____________. I wanted to go on the roller coaster, ____________ Penny was too scared. She confessed that she had a fear of heights. Instead we took plenty of pictures and strolled around the park. ____________ the evening, we watched fireworks. ____________ we went to a posh restaurant and had an expensive dinner. It was a wonderful date!

✓ 이왕 산책, 끝까지 저자의 의도대로 해보시면 결과는 당연히 좋을 것입니다.

finished diary 아하! 이렇게 쓰는 거구나!!!

Dear Diary,

I had a lot of fun today. I met Penny in the morning to go to the amusement park. It was still early, so there were not many people around. I wanted to go on the roller coaster, but Penny was too scared. She confessed that she had a fear of heights. Instead we took plenty of pictures and strolled around the park. In the evening we watched fireworks. Then we went to a posh restaurant and had an expensive dinner. It was a wonderful date!

오늘 정말 재미있게 놀았다. 아침에 페니를 만나 놀이공원으로 갔다. 아직 이른 시간이어서 주변에 사람들이 많지 않았다. 나는 롤러코스터를 타고 싶었지만, 페니는 너무 겁을 냈다. 그녀는 고소공포증이 있다고 털어놓았다. 대신 우리는 사진을 아주 많이 찍었고, 공원을 이리저리 어슬렁거렸다. 저녁 때는 불꽃놀이를 구경했다. 그리고 나서 고급 레스토랑에 가서 비싼 저녁을 먹었다. 멋진 데이트였다!

- amusement park 놀이공원 • scared 겁먹은 • a fear of heights 고소공포증
- stroll 한가로이 걸어다니다, 어슬렁거리다 • posh 고급스런, 근사한 (= fancy)

writing tutor 글을 쓸 때 주의할 점은 관점의 일치입니다. 제3자의 관점으로 쓰다가 갑자기 나의 관점으로 바뀐다든지 하면 안 됩니다. 그리고 어휘 하나 짚어볼까요? too는 '또한'의 의미지요? 하지만 형용사 앞에서는 강조하는 역할로 '너무'의 뜻으로 흔히 쓰인답니다.

26 치과에 처음 갔을 때 기분이 어땠나요?

choose the word **빈칸에 들어갈 표현을 고르세요.**

- nervous 긴장한
- were
- was
- pale 창백한
- might ~할지도 모른다

diary in the making 빈칸을 채워 일기를 완성하세요.

Dear Diary,

I went to the dentist today. It was my first visit to a dentist. I was very ________________. The patient before me kept shouting in pain. I imagined that I could hear the sounds of drilling coming from the doctor's office. When it ________________ my turn, I was as ________________ as a ghost. The doctor was very polite. He asked me a few questions and looked at my teeth. He said my gums ________________ healthy. He told me I ________________ need to get braces. I'm just glad he didn't pull out any teeth today!

✓최선을 다하면 최고의 결실을 얻게 될 것입니다.

finished diary 아하! 이렇게 쓰는 거구나!!!

Dear Diary,

I went to the dentist today. It was my first visit to a dentist. I was very nervous. The patient before me kept shouting in pain. I imagined that I could hear the sounds of drilling coming from the doctor's office. When it was my turn, I was as pale as a ghost. The doctor was very polite. He asked me a few questions and looked at my teeth. He said my gums were healthy. He told me I might need to get braces. I'm just glad he didn't pull out any teeth today!

나는 오늘 치과에 갔다. 치과는 이번이 처음 가보는 거였다. 너무 긴장되었다. 내 앞에 들어간 환자는 고통스런 비명을 계속 질러댔다. 나는 진료실에서 드릴 소리가 들리는 것만 같았다. 내 차례가 되었을 때 나는 귀신처럼 얼굴이 창백해졌다. 의사는 매우 깍듯했다. 몇 가지 질문을 하고 내 치아를 살펴보았다. 내 잇몸이 건강하다고 했다. 교정기를 껴야 할지도 모른다고도 했다. 난 오늘 이빨을 하나도 뽑지 않은 게 기쁠 따름이다!

• keep -ing 계속 ~하다 • pale 창백한 • brace 교정기 • pull out 뽑다

writing tutor I was as pale as a ghost.라는 문장이 있지요. '귀신처럼 창백했다'는 뜻이에요. 여기서의 'as 형용사/부사 as …' (…만큼 ~한)도 아주 유용한 표현이에요. 강조적으로 비유할 때 흔히 쓰죠. 예를 들어 as black as coal(석탄처럼 까만), as cold as ice(얼음처럼 찬)와 같은 관용표현들도 많이 있답니다.

27 친구의 결혼식과 총각파티라! 음~

choose the word **빈칸에 들어갈 표현을 고르세요.**

- did
- have
- can
- could
- was

diary in the making 빈칸을 채워 일기를 완성하세요.

Dear Diary,

Today was my friend's wedding. We ____________ been friends for almost a decade. His wedding was held at a small church. He ____________ not want to have it at a fancy hotel. I like him because of his modesty and down-to-earth nature. His bride was gorgeous. They had been going out for almost two years. I ____________ happy to see my friend so excited. Last week, we threw him a bachelor party. We drank so much that we ____________ not remember where we parked our car. I hope I ____________ get married soon.

✓ 이제 힘든 빈칸 채우기도 얼마 안 남았습니다. 힘내세요!!!

finished diary 아하! 이렇게 쓰는 거구나!!!

Dear Diary,

Today was my friend's wedding. We have been friends for almost a decade. His wedding was held at a small church. He did not want to have it at a fancy hotel. I like him because of his modesty and down-to-earth nature. His bride was gorgeous. They had been going out for almost two years. I was happy to see my friend so excited. Last week, we threw him a bachelor party. We drank so much that we could not remember where we parked our car. I hope I can get married soon.

오늘은 내 친구의 결혼식이었다. 우리는 거의 십년지기 친구다. 그 친구의 결혼식은 작은 교회에서 열렸다. 호화로운 호텔에서 하고 싶어하지 않았던 것이다. 나는 그 친구의 소박함과 현실적인 성향이 좋다. 그의 신부는 매우 아리따웠다. 그 둘은 근 2년간 사귀었다. 친구가 매우 흥분하는 걸 보니 행복했다. 지난주에 우리는 친구에게 총각파티를 해주었다. 술을 너무 많이 마시는 바람에 우리 차를 어디에 세웠는지도 생각나지 않았다. 나도 빨리 결혼하면 좋겠다.

- down-to-earth 현실적인 (= practical and sensible) • throw a party 파티를 열다
- bachelor 총각

writing tutor

쉼표(,) 쓰는 법, 궁금하지 않으세요? 쉼표는 한 문장을 나누어 줍니다. 하지만 이때 접속사가 반드시 필요하죠. 쉼표만으로는 연결성이 부족하거든요. 우리는 and, but 이외에도 when, where 등 다양한 접속어를 알고 있는데요. 표현하고자 하는 의미에 맞게 잘 골라서 써봅시다.

28 아프리카에 봉사활동을 떠나는 나의 여자 친구는 천사^^

choose the word 빈칸에 들어갈 표현을 고르세요.

- is
- would ~할 것이다
- am
- could have ~할 수 있었다
- had

diary in the making 빈칸을 채워 일기를 완성하세요.

Dear Diary,

I had to send my girlfriend to the airport. She ____________________ going to Africa to work as a volunteer. She felt it was something she ____________________ to do for those people in need. I was sad to see her go, but I had to be supportive of her plans. She will be gone for half a year. She told me she ____________________ write me as often as possible. I just hope that she comes back safe and sound. I don't think I ____________________ made a similar decision. I ________________ proud of her.

✓ '라이팅 튜터'에서 제시하는 글쓰기 조언과 표현 및 문법 설명을 항상 염두에 두세요.

finished diary 아하! 이렇게 쓰는 거구나!!!

Dear Diary,

I had to send my girlfriend to the airport. She is going to Africa to work as a volunteer. She felt it was something she had to do for those people in need. I was sad to see her go, but I had to be supportive of her plans. She will be gone for half a year. She told me she would write me as often as possible. I just hope that she comes back safe and sound. I don't think I could have made a similar decision. I am proud of her.

여자친구를 공항에 데려다주어야 했다. 자원봉사자로 아프리카에서 일하게 된 것이다. 그녀는 도움이 필요한 사람들을 위해 자신이 뭔가 해야 한다고 느꼈다. 그녀를 보내는 것은 슬프지만, 그녀의 계획을 응원해주지 않을 수 없었다. 반년 동안 가 있을 것이다. 가능하면 자주 편지하겠다고 했다. 그저 그녀가 무사히 돌아오길 바랄 뿐이다. 난 비슷한 결정을 내릴 수 있었을 것 같지 않다. 그녀가 자랑스럽다.

- volunteer 자원봉사자 • in need 어려움에 처한, 도움을 필요로 하는
- safe and sound 무사히

writing tutor

I could have made a similar decision.에서 make a decision을 유심히 보세요. 동사 decide 대신 이 표현을 쓴 것입니다. 영어에서는 'make/take/have + 동작을 나타내는 명사'로 행위를 표현하는 경우가 많답니다. 다른 예로 make an excuse(변명하다), take a breath(숨을 쉬다) 등이 있어요.

29 우리의 환경을 잘 보전하여 후손에게…

choose the word 빈칸에 들어갈 표현을 고르세요.

- into ~안으로
- down
- from
- and
- about
- at ~로

diary in the making 빈칸을 채워 일기를 완성하세요.

Dear Diary,

I am worried ______________ the environment. Global warming is threatening to melt the polar ice caps. Soon the sea level will rise ______________ cause havoc to the global climate. Factories are continuously dumping waste ______________ our rivers and lakes. People are cutting ______________ trees ______________ a shocking rate. Animals are losing their lives as well as their habitats. I believe that Mother Nature deserves better treatment __________ us. I wonder what I can do to play a part to conserve our environment.

✓영어공부는 꾸준히 그리고 성실하게! 이것만이 왕도입니다.

finished diary 아하! 이렇게 쓰는 거구나!!!

Dear Diary,

I am worried about the environment. Global warming is threatening to melt the polar ice caps. Soon the sea level will rise and cause havoc to the global climate. Factories are continuously dumping waste into our rivers and lakes. People are cutting down trees at a shocking rate. Animals are losing their lives as well as their habitats. I believe that Mother Nature deserves better treatment from us. I wonder what I can do to play a part to conserve our environment.

환경이 걱정스럽다. 지구온난화가 극지방의 만년설을 녹일 것 같다. 곧 해수면이 높아질 것이고, 지구의 기후에 대혼란을 일으킬 것이다. 공장들은 강과 호수로 끊임없이 폐기물을 흘려보내고 있다. 사람들은 무서운 속도로 나무들을 베어 쓰러뜨리고 있다. 동물들은 서식지뿐 아니라 목숨을 잃고 있다. 자연은 우리에게 좀더 나은 대접을 받을 만하다. 난 환경을 보전하기 위해 어떻게 일조할 수 있을지 생각해본다.

• ice cap 만년설 • havoc 대혼란, 대소동 • dump 내버리다 • habitat 서식지
• deserve ~할 만하다

writing tutor 여기서는 'be동사 + -ing' 즉 현재진행형 시제가 많이 쓰였네요. 말 그대로 현재 진행중인 동작을 나타내는 것이죠. 환경 파괴는 계속되고 있으니까요. 이때 현재완료 진행형(have been + -ing)을 써도 좋습니다. 과거부터 계속 진행되어왔다는 의미가 추가되거든요. Animals have been losing their lives...처럼요. 좀 어려웠나요? 이제 좀더 미묘한 의미를 표현하기 위해 한발짝 나아갈 때가 되었습니다. 자, 파이팅 합시다!

30 초등학교 동창을 우연히 슈퍼에서 만난다면…

choose the word 빈칸에 들어갈 표현을 고르세요.

- both 둘 다
- ran into 우연히 마주쳤다
- maintain 유지하다
- invite 초대하다
- found 발견했다

diary in the making 빈칸을 채워 일기를 완성하세요.

Dear Diary,

What a surprise I had today! I was at the supermarket buying some groceries when I ________________ my old pal from elementary school. I ______________ out that he got transferred from Michigan. Incidentally we work for the same company. So, we are now going to be colleagues. I have very fond memories of our time together at school. I'm sure we can ___________ a good relationship ________________ in and out of the office. I forgot to ask him if he was married. I shall call him up tomorrow and ___________ him to our house for dinner. I'm sure we will have many things to catch up on.

✓ '읽는 사람이 알아서 유추하겠지' 하고 생각해서 중간과정을 건너뛰면 뜻 모를 글이 되고 맙니다.

finished diary 아하! 이렇게 쓰는 거구나!!!

Dear Diary,

What a surprise I had today! I was at the supermarket buying some groceries when I ran into my old pal from elementary school. I found out that he got transferred from Michigan. Incidentally we work for the same company. So, we are now going to be colleagues. I have very fond memories of our time together at school. I'm sure we can maintain a good relationship both in and out of the office. I forgot to ask him if he was married. I shall call him up tomorrow and invite him to our house for dinner. I'm sure we will have many things to catch up on.

오늘 깜짝 놀랄 일이 있었다! 슈퍼마켓에서 물건을 사다가 초등학교 때 친구를 만났다. 걔는 미시건에서 전근 왔다는 것을 알게 되었다. 우연찮게도 나랑 같은 회사다. 그러니 동료가 되는 거다. 학교에서 함께 한 좋은 추억이 있어서, 회사 안팎에서 잘 지낼 것이라 믿어 의심치 않는다. 근데 결혼했는지 물어보질 않았네. 내일 전화해서 우리집에 저녁 먹으러 오라고 해야겠다. 확실히 우린 회포를 풀 게 많을 것 같다.

writing tutor I found out that he got transferred from Michigan.처럼 주절이 found out으로 과거형이면 that 이하의 종속절도 과거시제로 맞춰주어야 합니다. 하지만 종종 일반적인 사실인 경우에는 현재형을 쓰기도 하죠. 영어 글쓰기에서 시제 일치, 그리고 수 일치는 기본 중의 기본이라는 것, 아무리 강조해도 지나치지 않습니다.

일기에 자주 쓰이는 부사들

부사는 단어나 구뿐만 아니라 문장 전체를 꾸며주어 의미를 좀더 구체적이고도 풍성하게 해주는 역할을 합니다. 자주 쓰이는 표현 몇 가지 익혀 볼까요?

문장 전체를 꾸며주는 부사

Hopefully, 바라건대, 모쪼록

Incidentally, 우연히, 말이 난 김에 하는 말인데

Luckily, 운 좋게도

Thankfully, 고맙게도 (= Gratefully,)

Therefore, 그래서, 따라서

Then, 그러고 나서

Unfortunately 불행히도

Certainly 확실히 (= Surely, Definitely, Obviously)

빈도를 나타내는 부사 (빈도가 높은 순으로)

always 항상, 늘

usually 보통

often 종종

sometimes 때때로

seldom 좀처럼 ~않다

rarely 거의 ~않다

never 절대 ~않다

기분에 관한 표현들

일기는 있었던 일을 쓴 다음, 으레 그것에 관한 자신의 기분을 표현하게 되지요? 여기서 기분을 나타내는 기본적인 표현 몇 가지 짚어두죠.

놀랐을 때

astonished (깜짝) 놀란

surprised 놀란

shocked 충격 받은

startled 놀란

기쁠 때

excited 흥분한, 신난

delighted 아주 기뻐하여

glad 기쁜

gratified 기뻐하는

happy 기분 좋은

joyful 즐거운

pleased 흡족한

실망했을 때

disappointed 실망한

discouraged 낙담한

frustrated 좌절한

외로울 때

lonely 외로운

lonesome 쓸쓸한

solitary 고독한

기분이 엉망일 때

awful 끔찍한

depressed 우울한

miserable 비참한

미안할 때

sorry 미안한, 유감스러운

regretful 뉘우치는

긴장하거나 당황했을 때

nervous 긴장한

embarrassed 난처한, 당황한

strained 긴장한

tensed (정신적으로) 긴장한

기타

scared 겁나는

serious 심각한

PART 3

가상 일기 써보기

특정 직업에 종사한다고 상상하며 1분 동안 일기 써보기

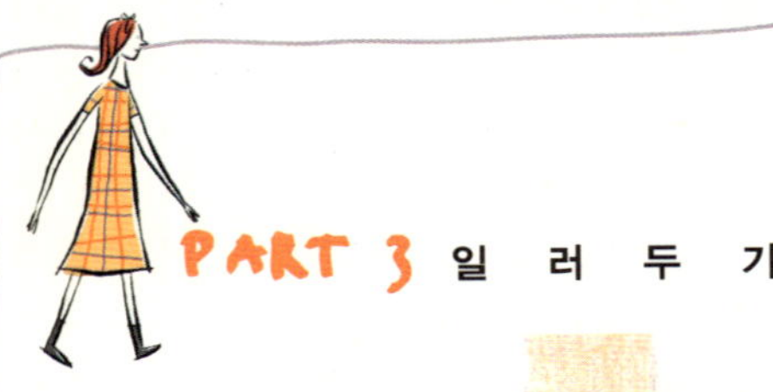

PART 3 일러두기

자신이 특정 직업군에 종사한다고 상상하며 일기를 써봅니다. 이렇게 함으로써 보다 다양한 상황을 표현하고 그 속에서 쓰는 단어, 표현들을 익힐 수 있습니다. 자~ 그럼 이제 최면을 걸어보세요. 나는 소방관이다… 나는 경찰관이다…

1. pick your words
여기에는 해당 일기에 쓸 수 있는 표현이 제시되어 있습니다.

2. create your own
위에 나온 표현들을 사용해 4~6행 정도로 자신의 일기를 씁니다. 쓰면서 페이지 하단에 있는 격려의 글을 보며 용기를 얻습니다.

3. check Mike's diary
다음 페이지로 넘겨 원어민의 일기를 보고 자신의 것과 비교해봅니다. 그러고 나서 원어민의 일기에서 맘에 드는 표현이 있으면 배워봅니다.

4. writing tutor
글쓰기 요령 및 꼭 필요한 문법 및 어휘에 대한 설명이 들어 있습니다. 머릿속에 잘 새겨두세요.

1 Policeman(경찰)의 일기를 써보세요

pick your words **이 표현들을 사용해 주세요.**

- rookie 신참
- station 경찰서
- pistol 권총
- handcuffs 수갑
- partner 동료
- had been ~해왔다

create your own 나만의 일기를 써보세요.

✓ 자기 자신을 경찰이라고 상상하면서 신나게 써보세요~

check Mike's diary 마이크의 일기입니다.

Today was my first day on the job.

Everybody at the station called me rookie.

I was given a pistol and handcuffs.

I met my partner. He was an old man.

He has been a cop for 35 years.

오늘은 나의 출근 첫날이었다.
경찰서에 있는 사람들 모두가 날 신참이라고 불렀다.
나는 권총과 수갑을 지급받았다.
내 파트너도 만났다. 나이든 분이었다.
그는 35년간 경찰생활을 해왔다.

• cop 〈구어〉 경찰

writing tutor 이렇게 자기 자신이 특정 직종에 종사한다는 상상을 하며 가상의 일기를 쓰는 연습을 하면 자신도 모르게 표현의 범위가 넓어집니다. 당연하겠죠? 직종마다 일어나는 상황이나 쓰이는 용어 및 표현이 다 다르니까요.

2 Fireman(소방관)의 일기를 써보세요

pick your words **이 표현들을 사용해 주세요.**

- rush to ~로 서두르다, 돌진하다
- fire truck 소방차
- luckily 운좋게
- hose 호스
- put out 끄다
- unfortunately 불행하게도

create your own 나만의 일기를 써보세요.

✓ 글을 쓸 때 콧노래를 불러보세요~
그리고 맘속으로는 '아! 재미있다' 하고 생각해보세요!!!
이렇게 자기최면을 걸면 훨씬 재미있답니다.

check Mike's diary 마이크의 일기입니다.

There was a big fire at a shopping center.

We rushed to the scene in our fire truck.

Luckily, no one was injured.

I had to use my hose to put out the fire.

Unfortunately, the building was burnt down.

쇼핑센터에서 큰 불이 났었다.
우리는 소방차를 타고 현장으로 급히 갔다.
다행히 다친 사람은 없었다.
나는 불을 끄기 위해 호스를 사용해야 했다.
안타깝게도 건물은 다 타버렸다.

• scene 현장, 상황 • injured 부상한, 다친
• burn down 전소하다

writing tutor

마지막 문장은 수동태죠. 동사가 'be + 과거분사'의 형태로 되어 있는 것 말이에요. 수동태는 잘 알고 있지만, 자주 활용해 보지는 않았을 겁니다. 이 참에 수동태 문장 세 개만 만들어 보고 오늘의 영어 글쓰기를 마치는 건 어떨까요?

3 Bodyguard(경호원)의 일기를 써보세요

pick your words **이 표현들을 사용해 주세요.**

- pick up 모시고 오다
- greet 맞이하다
- protect 보호하다
- paparazzi 파파라치
- safely 안전하게

create your own 나만의 일기를 써보세요.

✓ 벌써 이 책의 반 이상을 공부하셨네요!
대단하십니다!! 독자님 짱!!!

check Mike's diary 마이크의 일기입니다.

I picked up the guest from the airport.

He was a famous actor.

There were many fans waiting to greet him.

I had to protect him from the paparazzi.

My job was to take him safely to his hotel.

공항에서 고객을 모셔왔다.
그는 유명한 배우다.
많은 팬들이 그를 환영하기 위해 기다렸다.
난 파파라치로부터 그를 보호해야 했다.
그를 호텔까지 안전하게 모시는 것이 내 임무였다.

• guest 손님 • actor 남자배우 • fan 팬

writing tutor

이번에는 어포스트로피(')에 대해 알아봅시다. Mike's처럼 보통명사의 단수형 뒤에 s와 함께 쓰여 '~의' 가 됩니다. 하지만 명사의 복수형에는 s 없이 어포스트로피만 사용합니다. 예를 들어 Korean schools' teachers are smart. 다시 말해 s로 끝나는 단어 다음에는 대개의 경우 소유격의 s를 쓰지 않습니다.

4 Park Ranger(공원 관리인)의 일기를 써보세요

pick your words 이 표현들을 사용해 주세요.

- busy 바쁜
- wild boar 야생 멧돼지
- attack 공격하다
- hurt 다친
- tranquilizer gun 마취총
- zoo 동물원

create your own 나만의 일기를 써보세요.

오늘 접한 '라이팅 튜터',
내일 영어 라이팅의 밑거름이 됩니다.

check Mike's diary 마이크의 일기입니다.

Today was a very busy day.

A wild boar attacked a group of students having a picnic.

Thankfully no one was hurt.

I had to use a tranquilizer gun to shoot it.

Then I sent it to the city zoo.

오늘은 아주 바쁜 날이었다.
야생 멧돼지 한 마리가 소풍 온 학생 무리를 덮쳤다.
다행히 아무도 다치지 않았다.
난 마취총을 쏘아야 했다.
그러고 나서 그놈을 시립 동물원으로 보냈다.

• shoot 쏘다 • send 보내다

writing tutor 여기서 a wild boar(야생 멧돼지)는 나중에 나오는 문장에서 it으로 받았습니다. 동물은 흔히 무생물 주어를 쓰는데요, 자기가 아끼는 애완동물은 암컷이냐 수컷이냐에 따라 사람처럼 she, he를 씁니다. 종종 자동차나 배를 가리켜 여성 취급하여 주격 she, 목적격 her를 쓰기도 한답니다.

5 Detective(형사)의 일기를 써보세요

pick your words **이 표현들을 사용해 주세요.**

- homicide 살인
- scene of the crime 범죄 현장
- question 질문하다
- investigate 수사하다
- clue 단서
- lead 실마리

create your own 나만의 일기를 써보세요.

✓ 와우!!! 형사가 되는 상상, 흥분되지 않나요?

마이크의 일기입니다.

There was a homicide at the central library.

I went to investigate the scene of the crime.

I looked for clues left behind by the murderer.

I also questioned the librarian.

So far I haven't found any leads.

중앙 도서관에서 살인사건이 있었다.
가서 범죄현장을 조사했다.
살해범이 남긴 단서를 찾았다.
또 사서를 취조했다.
지금까지는 실마리를 찾지 못했다.

• left behind 뒤에 남겨진 • murderer 살인자
• librarian 사서 • so far 지금까지

writing tutor 마지막 문장 So far I haven't found any leads.를 보면, 현재완료 시제가 쓰였습니다. 과거부터 시작해서 계속되는 일을 표현할 때 현재완료 시제를 쓰죠. '난 3달째 영어 일기를 쓰고 있다'는 영어로 뭐라고 할까요? I have kept a diary in English for three months.

6 Soldier(군인)의 일기를 써보세요

pick your words **이 표현들을 써주세요.**

- squad 대대, 조
- patrol 순찰
- ambush 매복하여 습격하다
- fierce fighting 맹렬한 전투
- retreat 후퇴하다
- comrade 전우
- lucky 운 좋은

create your own 나만의 일기를 써보세요.

✓ 군대에 다시 가라면 기절하겠지만 한번은 좋은 추억이었습니다.

check Mike's diary 마이크의 일기입니다.

Our squad went out on patrol today.

We were ambushed by the enemy.

After fierce fighting, we were able to retreat to our base.

Unfortunately, two of my comrades were killed in action.

I was lucky.

오늘 우리 조가 정찰을 나갔다.
매복해 있던 적들에게 공격당했다.
격렬한 전투 끝에 우리는 기지로 돌아올 수 있었다.
불행히도, 전우 2명이 교전중에 목숨을 잃었다.
난 운이 좋았다.

• base 기지 • action 군사행동, 교전

writing tutor

시간을 말할 때 o'clock은 무엇의 줄임말일까요? 중요한 것은 아니지만 알아두면 유용한 상식이 될 수 있습니다. 바로 of the clock의 줄임말입니다. 이것을 어포스트로피(')를 써서 줄인 것이죠. 하지만 아시죠? o'clock을 It's 7 of the clock.처럼 절대 풀어서 쓰지 않는다는 것 말이에요.

7 Astronaut(우주비행사)의 일기를 써보세요

pick your words 이 표현들을 써주세요.

- land on ~에 착륙하다
- Mars 화성
- sign of life 생명체의 흔적
- atmosphere 대기
- oxygen 산소
- spacesuit 우주복
- remarkable 놀랄 만한

create your own 나만의 일기를 써보세요.

✓ 우주에 간다는 생각으로 신나게 야호! 하며 써보세요.

check Mike's diary 마이크의 일기입니다.

We finally landed on Mars.

There were no signs of life on the planet.

The atmosphere had no oxygen.

Hence, I had to wear my spacesuit.

It was a remarkable experience.

드디어 우리는 화성에 착륙했다.
이 행성에는 생명의 기미는 보이지 않았다.
대기에는 산소가 없었다.
따라서 난 우주복을 입고 있어야만 했다.
대단한 경험이었다.

• planet 행성 • hence 따라서 • experience 경험

writing tutor

3번째 문장 The atmosphere had no oxygen.을 해석하면 '대기에는 산소가 없다' 죠. 그래서 2번째 문장처럼 There was no oxygen in the atmosphere.라고 쓸 수 있습니다. 하지만 There 구문이 2번 연속 나오는 건 좀 식상하겠지요? 이렇게 같은 말도 다르게 써보는 연습을 차근차근 해보자구요. 쉬운 것부터요.

8 Pilot(비행사)의 일기를 써보세요

pick your words 이 표현들을 써주세요.

- fly across 가로질러 비행하다
- Atlantic Ocean 대서양
- dangerous 위험한
- storm 폭풍
- maneuver 조종하다
- poor condition 안 좋은 상태
- crash 추락하다

create your own 나만의 일기를 써보세요.

✓ 또 결심이 약해지려고 하나요?
자! 포기란 배추를 셀 때만 쓰는 말입니다. 파이팅!!!

check Mike's diary 마이크의 일기입니다.

Today, I flew across the Atlantic Ocean.

It was a dangerous mission.

I was caught in a storm.

The plane did not maneuver well in the poor conditions.

I nearly crashed into the ocean.

오늘 대서양을 가로질러 운항했다.
위험한 임무였다.
폭풍을 만났던 것이다.
비행기는 악천우 속에서 조종이 잘 안 됐다.
하마터면 바다로 추락할 뻔했다.

• mission 임무 • nearly 하마터면 ~할 뻔하다

writing tutor

마지막 문장 I nearly crashed into the ocean.은 '거의 추락할 뻔했다'는 의미입니다. 여기서 nearly 대신 almost를 써도 돼요. 둘 다 '하마터면 ~할 뻔하다'라는 뜻이죠. 기억해두면 써먹을 일이 많이 있겠지요?

9 Carpenter(목수)의 일기를 써보세요

pick your words **이 표현들을 써주세요.**

- dining table 식탁
- saw 톱
- cut down 자르다
- plane 대패
- smoothen 매끄럽게 하다
- surface 표면
- paint 칠하다
- sell for ~의 가격에 팔다

create your own 나만의 일기를 써보세요.

음~ 하루 1분이면 영어 라이팅 실력을 바꿀 수 있습니다.
1분만 투자하세요!!!

check Mike's diary 마이크의 일기입니다.

Today, I made a large dining table.

I used my saw to cut down a tree.

Then I used my plane to smoothen the surface of the table.

After which, I painted it in my favorite color.

Later I sold it for $50.

오늘 대형 식탁을 만들었다.
톱으로 나무 하나를 베었다.
그런 다음 대패로 탁자의 표면을 고르게 했다.
그러고 나서 내가 가장 좋아하는 색으로 칠했다.
나중에 50달러에 팔았다.

writing tutor After which, I painted...에서 which의 쓰임이 생소한가요? After which, 하면 '그 다음'의 의미죠. which는 앞 문장 전체를 가리키는 것이구요. 오늘도 새로운 표현 하나 배웠지요? 눈도장만 찍지 말고, 펜을 들고 이 표현을 써서 문장 하나 만들어보면 어떨까요?

10 Electrician(전기기사)의 일기를 써보세요

pick your words **이 표현들을 써주세요.**

- hectic 정신없는
- fix 수리하다
- short circuit 누전
- customer 고객
- complain 불평하다
- power shortage 전력 부족
- electrical appliance 전기 기구
- charge 청구하다

create your own 나만의 일기를 써보세요.

✓ 점점 글쓰는 솜씨가 좋아지는 것이 느껴집니까?

check Mike's diary 마이크의 일기입니다.

It was a very hectic day.

I had to visit several houses to fix short circuits.

One customer complained there was a power shortage

in his house.

He said his electrical appliances did not work.

I charged him $100.

정말 정신없는 날이었다.
누전 수리를 하러 여러 집을 찾아다녀야 했다.
한 고객은 집에 전력이 부족하다고 불평했다.
자기 전기 기구들이 작동하지 않는다는 거다.
난 그에게 100달러를 청구했다.

writing tutor

4번째 문장 He said his electrical appliances did not work.에서 work는 '일하다' 라는 의미가 아니에요. '작동하다' 라는 뜻이지요. My computer is not working.(컴퓨터가 먹통이야.)처럼 work는 후자의 의미로 아주 많이 쓰입니다. 우리는 사전에 있는 첫 번째 뜻만 알고 있는 경우가 많은데, 영작을 잘하려면 단어들의 다양한 의미와 쓰임을 잘 파악해두는 게 아주 중요하답니다.

11 Sailor(선원)의 일기를 써보세요

pick your words 이 표현들을 써주세요.

- first day 첫날
- seasick 배멀미
- maritime term 해양 용어
- sailor 항해사
- confused 혼란스러운
- starboard 우현, 우측

create your own 나만의 일기를 써보세요.

하루 1분 새로운 마음으로 시작하세요!!!

check Mike's diary 마이크의 일기입니다.

Today was my first day as a sailor.

I always wanted to be a sailor.

However, I got seasick.

And I am still confused about maritime terms.

I still don't know what starboard is.

오늘은 선원으로서의 첫날이었다.
난 늘 뱃사람이 되고 싶었다.
하지만 배멀미를 했다.
그리고 여전히 해양 용어들이 헷갈린다.
아직도 난 우현이 뭔지 모른다.

writing tutor a sailor처럼 a가 들어가는 건 뭐고 starboard처럼 a가 안 들어가는 건 뭔지 헷갈리죠? starboard에 a가 없는 건 불가산명사이기 때문이에요. a에는 '하나의' 의 의미가 있어서 셀 수 없는 명사 앞에서는 절대 쓰지 않는답니다. 관사의 쓰임은 정말 어려운데요, 자꾸 문장을 접하다보면 조금씩 감이 오게 됩니다.

12 Butcher(정육점 주인)의 일기를 써보세요

pick your words 이 표현들을 써주세요.

- get up 일어나다
- store 가게
- beef 쇠고기
- pork 돼지고기
- mutton 양고기
- meat 고기
- fresh 신선한
- poultry 가금류

create your own 나만의 일기를 써보세요.

✓ 점점 완벽한 문장이 되어가는 것이 놀랍지 않습니까?

check Mike's diary 마이크의 일기입니다.

I got up today at 6 a.m. to open my store.

I wanted to sell all the beef, pork, and mutton in my store.

But I could only sell half of my meat.

Tomorrow I have fresh poultry coming in.

I hope to sell some mince meat tomorrow.

오늘 아침 6시에 일어나 가게 문을 열었다.
가게에 있는 쇠고기, 돼지고기, 양고기를 모두 팔아치우고 싶었다.
하지만 반밖에 못 팔았다.
내일 신선한 가금육이 들어올 것이다.
내일은 다진 고기가 좀 팔렸음 좋겠다.

• mince 다진 고기

writing tutor

글을 쓸 때 무엇보다 중요한 건 독자의 흥미를 유발하는 것입니다. 즉 흥미로운 글을 써야 합니다. 그렇게 하기 위한 여러 가지 방법을 〈라이팅 튜터〉에서 이미 말씀드렸습니다. 하나 더 알려드리면, 구체적으로 쓰라고 조언하고 싶군요. 다시 말해, 독자가 그 글의 주인공이 된 듯한 느낌을 줄 수 있는 자세한 설명과 상세한 감정전달이 필수입니다.

13 Baker(제빵업자)의 일기를 써보세요

pick your words **이 표현들을 써주세요.**

- customer 고객
- special order 특별 주문
- bake 굽다
- birthday cake 생일 케이크
- whipped cream 휘핑 크림

create your own 나만의 일기를 써보세요.

오~ 아침시간에 따끈따끈한 빵처럼
맛나고 포근한 일기를 써봅시다!!!

check Mike's diary 마이크의 일기입니다.

A customer wanted to make a special order.

She wanted me to bake a birthday cake.

It was for her husband.

She ordered a chocolate cake.

She requested that I put whipped cream on top.

손님 한 분이 특별 주문을 하셨다.
생일케이크를 만들어 달라고 하셨다.
그분의 남편을 위한 것이다.
초콜릿 케이크를 주문하셨다.
꼭대기에는 휘핑크림을 올려달라고 당부하셨다.

• request 요구하다

writing tutor 오늘은 잔소리 한 번 더 하죠. 사실 글이란 자기가 알고 있는 것이 나오는 겁니다. 다시 말해, 평소에 자신이 읽은 것이나 들은 것, 배운 것이 자연스레 표현되는 거죠. 여러분은 지금 영어 라이팅을 하는 만큼 영어의 아는 범위 내에서만 글을 쓸 수가 있습니다. 글솜씨를 늘리려면 반드시 단어나 표현을 늘려나가야 합니다. 벌써 몇 번째 반복하고 있는 말이죠. 꼭 명심하기 바랍니다.

14 Plumber(배관공)의 일기를 써보세요

pick your words **이 표현들을 써주세요.**

- tiring day 피곤한 하루
- winter 겨울
- freezing cold 엄청나게 추운
- pipe 파이프
- frozen 언
- fix 수리하다
- house call 가정 방문

create your own 나만의 일기를 써보세요.

✓ 자신이 쓰는 글을 시간이 지난 후에 다시 읽고 고쳐 써보세요.
실력이 부쩍 는 것을 확인할 수 있습니다.

check Mike's diary 마이크의 일기입니다.

Today was a tiring day.

In the winter, the weather is freezing cold.

Hence, many water pipes froze.

People call me to help them fix their pipes.

So, I had to make a lot of house calls.

오늘은 힘든 날이다.
겨울이라 날씨가 무척 춥다.
따라서 수도관이 많이 얼었다.
사람들이 전화해서 수도관을 고쳐달라고 한다.
그래서 여러 집을 방문해야만 했다.

writing tutor 4번째 문장을 보면 ...help them fix their pipes...로 them 다음에 동사원형을 썼습니다. 이 'help + 목적어' 다음에는 보어로 흔히 동사원형이 오곤 합니다.(to부정사도 올 수 있습니다.) 이렇게 목적보어로 동사원형이 오는 경우, 머리로는 알고 있죠? '지각동사 see, hear 등 + 목적어 + 원형동사' 그리고 '사역동사 make, have 등 + 목적어 + 원형동사'의 경우죠. 얘기가 나온 김에 각자 문장 하나씩 만들어보는 게 어떨까요?

15 Soccer Player(축구선수)의 일기를 써보세요

pick your words 이 표현들을 써주세요.

- hat-trick 해트트릭
- be voted 뽑히다
- man of the match 이 경기의 (우수)선수
- satisfied 만족스런
- praise 칭찬하다
- creativity 창의성
- score 점수내다

create your own 나만의 일기를 써보세요.

✓ 글은 손이 쓰는 것이 아닙니다.
마음의 소리에 귀 기울여 보세요!

check Mike's diary 마이크의 일기입니다.

I scored a hat-trick today.

I was voted the man of the match.

The manager was satisfied with my performance.

He praised me for my creativity.

Next game, I want to score more goals.

오늘 난 해트트릭을 기록했다.
오늘의 선수로 뽑히기까지 했다.
감독님은 내 경기에 만족스러워했다.
그는 나의 독창성을 칭찬했다.
다음 경기에서 더 많은 골을 내고 싶다.

• manager 감독, 매니저 • performance 성적, 성취

writing tutor score는 '스코어, 점수'라는 명사로만 알고 있었죠? 이 일기에서처럼 '점수를 내다'라는 의미의 동사로도 잘 쓰인답니다. 문장에서 접할 때마다 단어의 의미를 하나씩하나씩 챙겨두세요. 다 여러분의 실력으로 쌓이는 겁니다.

16 Accountant(회계사)의 일기를 써보세요

pick your words **이 표현들을 써주세요.**

- December 12월
- busiest month 가장 바쁜 달
- account 회계장부
- handle 처리하다
- calculate 계산하다
- profits and losses 이윤과 손실
- tax payment 세금 납부

create your own 나만의 일기를 써보세요.

✓ 유학을 가게 되면 학교에서 좋은 성적을 받는 데 가장 중요한 것이 바로 라이팅입니다.

check Mike's diary 마이크의 일기입니다.

Today is December 31st.

December is the busiest month of the year for me.

I had many accounts to handle.

I had to calculate the profits and losses of my clients.

Then I had to calculate their tax payments.

오늘은 12월 31일이다.
나한테는 12월이 1년 중 가장 바쁜 달이다.
처리해야 할 장부가 많았다.
담당 고객들의 이윤과 손실을 계산해야 했다.
그러고 나서 그들의 세금 납부액을 따져봐야 했다.

• calculate 계산하다

writing tutor

앞서도 언급했지만, to부정사를 잘 활용하면 문장이 깔끔명료해집니다. to부정사는 3번째 문장 I had many accounts to handle.처럼 명사 뒤에 쓰여서 앞의 명사를 꾸며주는 역할도 하는데요. 이때는 문맥에 따라 자연스럽게 해석하면 됩니다. 여기서는 '처리해야 하는 장부'로 to 이하를 '~해야 하는'으로 하는 게 적절합니다.

17 Banker(은행원)의 일기를 써보세요

pick your words **이 표현들을 써주세요.**

- robber 강도
- bank 은행
- teller 은행창구 직원
- bank manager 은행 지점장
- emergency button 비상 버튼
- police 경찰
- arrest 체포하다

create your own 나만의 일기를 써보세요.

✓ 항상 기쁘게 이 1분을 맞이하긴 힘들 겁니다.
그럴 때마다 하하하! 하고 크게 웃어보세요!

check Mike's diary 마이크의 일기입니다.

What a day!

A robber tried to rob our bank today.

I was working as a teller when he came into the building.

The bank manager pressed the emergency button.

Soon, the police came and arrested the man.

대단한 날이다.
오늘 강도가 우리 은행을 털려고 했다.
그가 건물에 들어왔을 때 난 창구에서 일하고 있었다.
지점장님이 비상버튼을 누르셨다.
곧 경찰이 와서 그 남자를 체포했다.

• rob 약탈하다

writing tutor 글을 쓰다보면 자신의 취약점이 뭔지 알게 될 겁니다. 어떤 이는 단어를 너무 몰라서, 또 어떤 이는 문법을 잘 몰라서 글쓰기가 힘들 겁니다. 우선 자신의 취약점을 발견한 것만도 큰 성과입니다. 저희와 함께 그 취약점을 조금씩 극복해보세요~

18 Movie Star(영화배우)의 일기를 써보세요

pick your words **이 표현들을 써주세요.**

- set 세트장
- trailer 트레일러
- memorize 암기하다
- script 대본
- director 감독
- argument 말다툼
- shoot 촬영하다
- first light 새벽녘
- prepare 준비하다
- role 배역

create your own 나만의 일기를 써보세요.

✓ 독자 힘내세요! 우리가 있잖아요! 독자 힘내세요! 우리가 있어요! – 저자의 노래

check Mike's diary 마이크의 일기입니다.

It was my first day on set.

I was in my trailer memorizing my script.

The director and I had an argument.

He said he'll start shooting at first light.

I had very little time to prepare myself for my role.

세트장에서의 첫날이었다.
대본을 외우면서 트레일러에 있었다.
감독님과 나는 말다툼을 벌였다.
새벽에 촬영을 시작하겠다고 하셨기 때문이다.
내 역할에 맞게 준비할 시간이 너무 없었다.

writing tutor 글을 잘 쓰느냐 아니냐를 결정짓는 요소는 딱 한 가지입니다. 그것은 바로 얼마나 독서를 많이 하느냐입니다. 독서를 즐기는 사람의 라이팅은 도저히 따라갈 수 없습니다. 여러분도 Part 2에서 타인의 글을 많이 접했지요? 꼭 필요한 과정입니다.

19 Nurse(간호사)의 일기를 써보세요

pick your words **이 표현들을 써주세요.**

- morning shift 아침 근무
- work 일하다
- patient 환자
- hospital 병원
- lunch break 점심시간
- busy 바쁜
- attend 간호하다

나만의 일기를 써보세요.

✓ 최선을 다하면 반드시 좋은 글을 쓰게 될 것입니다.

check Mike's diary 마이크의 일기입니다.

Today I worked the morning shift.

I worked from 9 a.m. to 3 p.m.

There were many patients in the hospital during lunch time.

I didn't have time to take a lunch break.

I was busy attending to patients.

오늘은 오전근무를 했다.
9시부터 3시까지 일하는 거다.
점심 시간에 환자들이 많았다.
점심 먹을 시간이 없었다.
환자들 돌보느라 너무 바빴기에.

writing tutor 뭔가를 하느라 바쁠 때 마지막 문장처럼 busy -ing를 쓰면 됩니다. 그리고 -ing 대신 명사를 쓰려면 'busy with 명사' 처럼 with를 넣으면 됩니다. 그러면 '시험공부 때문에 바쁘다' 는 어떻게 표현할까요? I'm busy with the test. 여러분도 busy -ing 또는 busy with를 써서 문장 하나씩 만들어보세요.

20 Lawyer(변호사)의 일기를 써보세요

pick your words **이 표현들을 써주세요.**

- court 법정
- busy 바쁜
- case 사건
- client 의뢰인
- accuse 고소하다
- manslaughter 과실치사죄
- plead 변론하다
- innocent 무죄의
- defend 변호하다

create your own 나만의 일기를 써보세요.

✓ 와! 이제 딱 10개의 유닛이 남았네요~
벌써 이렇게 많이 와버렸습니다.

check Mike's diary 마이크의 일기입니다.

I spent the whole day in court.

I was busy with my case.

My client was accused of manslaughter.

He pleaded innocent.

I tried to defend his innocence.

오늘은 하루 종일 법정에 있었다.
내가 맡은 소송으로 바빴다.
의뢰인은 과실치사죄로 기소당했다.
그는 무죄를 주장했다.
그의 결백을 변호하려고 노력했다.

writing tutor 생소한 법률 용어들이 많이 나오지요? 좀 어렵게 느껴지더라도 이 참에 익혀놓으면 유용하게 쓸 때가 반드시 있습니다. 처음에 글을 쓸 때는 누구나 남의 것을 따라하게 되죠. 이는 아주 자연스러운 현상입니다. 여기 나온 원어민의 일기를 잘 참고하셔서 마음에 드는 표현들은 나의 일기에 꼭 사용해보도록 하세요.

21 Salesman(영업사원)의 일기를 써보세요

pick your words 이 표현들을 써주세요.

- earn commission 수수료를 벌다
- sell 팔다
- manager 지배인
- pleased 기뻐하는
- performance 실적
- year-end bonus 연말 보너스
- sales 매출

create your own 나만의 일기를 써보세요.

이제 진짜 얼마 안 남았네요.
마지막까지 최선을 다해주세요~

마이크의 일기입니다.

I earned a large commission today.

I sold many products.

The manager was pleased with my performance.

Maybe I can get a year-end bonus.

I'll try to improve my sales tomorrow.

오늘 수수료를 많이 벌었다.
제품을 여러 개 팔았기 때문이다.
부장님이 나의 성과에 흡족해 하셨다.
연말 보너스를 받게 될 것 같다.
내일 매출도 올려봐야지.

writing tutor 말을 할 때는 자신이 아는 표현밖에 쓸 수 없지만 글은 그렇지 않습니다. 인터넷을 찾거나 사전 혹은 책을 뒤져서 남의 것을 자신의 것으로 소화해 표현할 수 있으니까요. 따라서 글은 자신을 표현하는 아주 중요한 수단입니다. 이 점을 명심하고 글쓰기에 보다 집중하세요.

22 Doctor(의사)의 일기를 써보세요

pick your words 이 표현들을 써주세요.

- catch the flu 독감에 걸리다
- patient 환자
- injection 주사
- prescribe 처방하다
- medicine 약
- hire 고용하다
- nurse 간호사

create your own 나만의 일기를 써보세요.

✓ 이 책 초반에 썼던 일기와 현재의 일기를 한번 비교해보세요. 어떤가요? 많은 발전이 있죠?

check Mike's diary 마이크의 일기입니다.

Many people catch the flu in winter.

So, today I was busy seeing patients with the flu.

I gave them an injection.

I also prescribed medicine for them.

I think I better hire another nurse.

겨울에는 많은 사람들이 독감에 걸린다.
그래서 오늘은 독감 환자들을 보느라 분주했다.
환자들에게 주사를 놔주었다.
약도 처방해주었다.
간호사를 한 명 더 채용해야 할 것 같다.

writing tutor flu는 '독감' 이죠. influenza의 줄임말이에요. 보통 감기는 cold라고 해요. 그래서 '감기에 걸리다' 라고 할 때는 catch나 have를 써서 have a cold / catch a cold라고 한답니다.

23 Secretary(비서)의 일기를 써보세요

pick your words 이 표현들을 써주세요.

- boss 사장, 상사
- not in the office 부재중인
- message 메시지
- take down 적다
- caller 전화한 사람
- neatly 깔끔하게
- type 타이핑하다
- report 보고서

create your own 나만의 일기를 써보세요.

✓ 실력이 점점 좋아지는 여러분의 모습이 보이네요.

check Mike's diary 마이크의 일기입니다.

My boss was not in the office today.

But there were many messages for him.

I took down the phone numbers of the callers.

Then I wrote them neatly on a piece of paper.

I also spent the afternoon typing a report.

사장님이 오늘 회사에 안 계셨다.
하지만 사장님 앞으로 메시지가 많이 왔다.
전화한 분들의 전화번호를 적어두었다.
그런 다음 종이 한 장에 깔끔하게 썼다.
오후에는 보고서도 타이핑했다.

• piece 개, 장

writing tutor

원어민에게 교정을 한 번 봐달라고 부탁하세요. 일일이 체크를 받으며 무엇이 문제인지 잘 살펴보세요. 이젠 그런 도움을 받아야 되는 시점입니다. 단, 지적을 많이 당하더라도 실망하지 마세요. 지적이 많다는 건 그만큼 많이 배웠다는 뜻도 된답니다.

24 Librarian(도서관 사서)의 일기를 써보세요

pick your words 이 표현들을 써주세요.

- check out 대출하다
- library 도서관
- walk out 걸어나오다
- alarm 경고음
- sound 울리다, 소리내다
- check 확인하다
- belongings 소지품들
- overdue 반납일이 지난
- fine 벌금

create your own 나만의 일기를 써보세요.

✓ 무엇보다도 자신감을 가지고
1분 동안 최선을 다해보세요.

check Mike's diary 마이크의 일기입니다.

A student forgot to check out his book at the library.

As he walked out the door, the alarm sounded.

I had to open his bag and check his belongings.

He also had overdue books.

He paid a fine.

한 학생이 도서관에서 책을 대출하는 걸 깜박했다.
문을 걸어 나오다가 경고음이 울렸다.
난 그 학생의 가방을 열고 소지품을 검사해야 했다.
반납일이 지난 책도 가지고 있었다.
그는 벌금을 물었다.

• pay 지불하다

writing tutor 문장의 시작이나 고유명사의 첫 알파벳은 대문자로 씁니다. 또 어떤 경우에 대문자를 사용할까요? 사람의 이름 앞에 쓰는 직책의 첫 알파벳도 대문자로 표기하죠. Mayor Kim(김 시장님)처럼요. 하지만 직책 뒤에 이름이 오지 않는 경우는 그냥 a mayor처럼 소문자로 시작합니다.

25 Scientist(과학자)의 일기를 써보세요

pick your words **이 표현들을 써주세요.**

- succeed 성공하다
- time machine 타임머신
- trial and error 시행착오
- invent 발명하다
- half a century 반세기
- time travel 시간여행

create your own 나만의 일기를 써보세요.

✓ 어디서도 볼 수 없었던 내용들이 〈라이팅 튜터〉에 많이 나오고 있습니다. 알게 모르게 도움이 된답니다.

check Mike's diary 마이크의 일기입니다.

Today I succeeded in inventing a time machine.

It took me half a century to complete it.

After a lot of trial and error,

I finally succeeded.

Hopefully, I can use it to do some time travel.

오늘 난 타임머신을 발명하는 것에 성공했다.
그걸 완성하는 데 50년이 걸렸다.
수많은 시행착오 끝에 드디어 해낸 것이다.
모쪼록 시간여행을 하는 데 그걸 써먹어볼 수 있기를.

• take (시간이) 걸리다 • complete 완성하다

writing tutor

또 하나, 글을 쓸 때 주의할 점이 있습니다. 가능하면 줄임말보다는 풀어서 있는 그대로 쓰는 것이 일반적인 관행입니다. 다시 말해 I'm은 I am으로 They've는 They have로 쓰는 것이죠. 특히 형식을 갖춘 글을 쓸 때는 더욱 그렇습니다.

26 Teacher(교사)의 일기를 써보세요

pick your words **이 표현들을 써주세요.**

- student 학생
- pop quiz 예고 없는 시험
- expect 예상하다
- fail 낙제하다
- second chance 두 번째 기회
- retest 재시험

create your own 나만의 일기를 써보세요.

✓ 하루에 1분, 영어로 글을 쓰지 않으면 입 안에 가시가 돋지 않나요?

check Mike's diary 마이크의 일기입니다.

I gave my students a pop quiz.

They did not expect the test.

Many of them failed the test.

I decided to give them a second chance.

I'll give them a retest tomorrow.

학생들에게 예고 없이 시험을 보게 했다.
아이들은 시험을 치르리라고 생각도 못했다.
많은 학생들이 낙제점을 받았다.
기회를 한 번 더 주기로 했다.
내일 재시험을 치를 거다.

writing tutor 세 번째 문장의 fail the test는 '시험에 낙제하다'라는 의미죠. 그러면 '시험에 통과하다'는 뭐라고 할까요? pass the test입니다. 단어를 익힐 때는 반대말도 같이 눈여겨봐두면 훨씬 도움이 된답니다.

27 Janitor(건물 청소부)의 일기를 써보세요

pick your words **이 표현들을 써주세요.**

- uniform 제복
- collect 가져오다
- cleaning cart 청소 수레
- lobby 현관
- mop 닦다
- polish 광을 내다
- empty 비우다
- garbage can 쓰레기통

create your own 나만의 일기를 써보세요.

✓ 잘 쓰려고 하기보다는 자신있게 자기만의 글을 창조해보세요.

check Mike's diary 마이크의 일기입니다.

I woke up at 5 a.m. today.

I wore my uniform and collected my cleaning cart.

I started in the lobby.

I mopped the floor. Then I polished the floor.

Later, I emptied the garbage can.

오늘 5시에 일어났다.
유니폼을 입고 청소수레를 가져왔다.
현관에서 시작했다.
바닥을 닦고 나서 광을 냈다.
나중에 쓰레기통을 비웠다.

• floor 마루

writing tutor 한 가지, 꼭 짚고 넘어가고 싶은 것이 있습니다. 문법은 완벽한데 글의 흐름이나 내용이 좋지 않은 경우와 약간 실수가 있더라도 흐름이 좋고 알찬 내용의 글 중 원어민들은 어떤 것을 선호할까요? 당연히 내용적으로 좋은 글입니다. 다시 말해, 글을 쓰는 데는 영어의 영역뿐만 아니라 사고의 영역이 매우 중요합니다.

28 Postman(우편배달부)의 일기를 써보세요

pick your words **이 표현들을 써주세요.**

- delivery route 배달 구역
- dangerous 위험한
- dog 개
- bark 짖다
- chase 쫓다
- street 거리
- bite 물다

create your own 나만의 일기를 써보세요.

✓ 자신만의 최고의 일기. 당신이라면 할 수 있습니다.

check Mike's diary 마이크의 일기입니다.

I think my delivery route is dangerous.

There are many houses with dogs.

They bark loudly.

Some even chase me down the street.

Once I was bitten by a dog.

나의 담당배달구역은 위험한 것 같다.
개가 있는 집이 많기 때문이다.
그 녀석들은 엄청 크게 짖는다.
어떤 놈은 길까지 나를 쫓아오기도 한다.
한번은 물린 적도 있다.

• loudly 큰소리로 • once 이전에 (한 번)

writing tutor

영어로 글을 쓰라고 하면 우리말로 쓴 다음 영어로 번역하는 분들이 있습니다. 절대 좋은 방법이 아닙니다. 왜냐하면 우리말과 영어는 구조적으로 너무 다르기 때문입니다. 수준이 많이 떨어지더라도 영어로 생각하고 글을 쓰는 것이 영어 라이팅의 매우 중요한 첫걸음입니다.

29 Reporter(기자)의 일기를 써보세요

pick your words **이 표현들을 써주세요.**

- interview 인터뷰하다
- article 기사
- off the record 비공개로
- famous personality 명사, 유명한 인물
- question 질문
- good story 좋은 기사

create your own 나만의 일기를 써보세요.

✓ 드디어 다음 유닛이면 이 책도 끝이네요~
대단하십니다!!!

check Mike's diary 마이크의 일기입니다.

Today, I went to interview a famous personality.

I had to write an article about him.

During the interview, I asked him numerous questions.

He told me many things off the record.

I think this will be a good story.

오늘 명사 인터뷰를 하러 갔다.
그에 대해 기사를 써야 했다.
인터뷰 내내 여러 가지 질문을 했다.
그는 비공개로 많은 이야기를 해주었다.
좋은 기사가 될 것 같다.

• numerous 수많은

writing tutor 외국어를 공부할 때 말하기, 쓰기, 듣기, 문법, 이 모든 것은 병행되어야 합니다. 말하기만 잘하고 쓰질 못한다면 이건 마치 머리만 자라고 몸은 안 큰 어린아이와 같습니다. 골고루 발달시켜줘야 합니다. 우선 여러분은 그동안 어휘와 문법에 너무 치중했습니다. 이젠 쓰기, 듣기, 말하기에 더욱 힘을 써보세요.

30 Flight attendant(비행기 승무원)의 일기를 써보세요

pick your words 이 표현들을 써주세요.

- arrive 도착하다
- New York 뉴욕
- direct flight 직항 비행편
- stopover 경유지
- serve 제공하다
- passenger 승객
- journey 비행
- exhausted 기진맥진한

create your own 나만의 일기를 써보세요.

✓ 아~ 이렇게 여기까지 저희를 믿고 따라온 독자 여러분, 너무 훌륭합니다.

check Mike's diary 마이크의 일기입니다.

I arrived in New York today.

It was a direct flight from Incheon.

There were no stopovers.

I had to serve the passengers six meals during the journey.

I'm exhausted.

오늘 뉴욕에 도착했다.

인천발 직항이었다.

그래서 경유지가 없었다.

여정 동안 여섯 끼의 식사를 승객들에게 제공해야 했다.

너무 피곤하다.

writing tutor

영어에 시간을 더 투자할 수 있는 분들은 듣기, 말하기도 병행하길 권합니다. 보통 어학원에 가면 듣기, 말하기, 쓰기를 함께 학습합니다. 여러 가지 좋은 교재나 책도 있고요, 말하기는 자신 있게 김영사의 〈3030English〉를 추천해 드립니다. 그리고 듣기는 김영사의 〈1분 리스닝〉을요. 집중적으로 영어 공부하는 분들에게는 딱입니다.

끝까지
수고하셨습니다
파이팅!

| 마치며 |

고민 많이 했다. 과연 어떻게 하면 우리가 영어로 글쓰기를 좀더 쉽게 독자들에게 전달해줄 수 있을까?
답은 간단했다. 〈3030English〉에서 본인 김지완이 했던 것처럼 체험 학습보다 좋은 것은 없다는 결론에 도달하게 되었다. 다시 말해, 독자들이 우리의 설명을 약간 듣고서 바로 써보는 것이었다.

자전거를 타보지 않고서는 탈 수 없듯이, 또 그 누구도 넘어지지 않고는 자전거를 배울 수 없듯이, 영어로 글쓰기도 본인이 직접 써봐야지만 또 실수를 직접 거듭해 봐야지만 할 수 있는 것이다.

"글은 써봐야 쓸 수 있고 말은 해봐야 할 수 있다."

이것은 간단한 진리다.
하지만 아직도 이 간단한 진리를 모른 채 혼자 흥에 겨워 지겨운 설명만 늘어놓는 선생님들도 많이 계신 것 같다.

Just do it!!!

어린 시절 우리는 이것을 알았기에 너무 쉽게 언어를 배웠다.
다시 어릴 적 기억을 되살려보자.

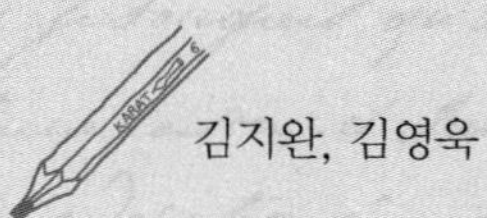

김지완, 김영욱

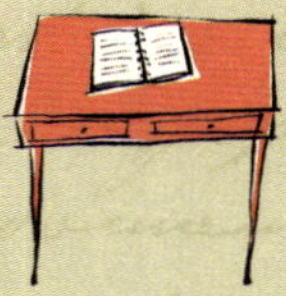